건축가 함인선,
사이를 찾아서

국립중앙도서관 출판예정도서목록(CIP)

건축가 함인선, 사이를 찾아서 : 지금 건축은 무엇
을 해야 하는가? / 함인선 지음.
-- 서울 : 마티, 2014

p.256 ; 152*210mm

ISBN 978-89-92053-99-0 04610 : ₩15000
ISBN 978-89-92053-09-9 (세트) 04610

건축[建築]

610.4-KDC5
720.2-DDC21
CIP2014023736

건축가 함인선,
사이를 찾아서

함인선

지금 건축은
무엇을 해야 하는가?

건축과 도시 사이 Grid & Field

건축은 '사이'의 학문이다

"정말 되는 겁니까?" 국무조정실의 조경규 사회조정실장은 사람 좋은 얼굴에 웃는 낯이었지만 단호하게 물었다. 작년 6월 초 국무2차장실에서였다. 선비풍의 고영선 2차장도 근심어린 표정으로 쳐다보았다. 『중앙일보』에 '카이네틱 댐'에 대한 기사가 게재된 지 한 달이 지난 때였다. "만에 하나 이것이 과장이라면 총리 이하 모두 천하의 망신입니다." 표현은 유했지만 내용은 과격한 것이었다.

수일 내로 국무총리가 대국민담화를 통해 이 제안의 수용을 기정사실화 할 터인데 자신 없으면 지금이라도 물리라는 얘기였다. 곳곳에서 이미 엄청난 비판이 쏟아지고 있었다. 기사화 이후 모든 것은 정신없이 돌아갔다. 그 날로 국회와 문화재청에 불려가서 보고를 했고 며칠 후에는 청와대와 문화체육관광부에 가서 브리핑을 했다. 황우여 새누리당 대표가 당 차원으로 정부에 건의하는 모양새를 만들었고 정부 내 협의가 완료되어 이제 공식적인 발표만을 앞둔 상황이었다.

대한민국 공직사회가 이렇게 빨리 움직인 적이 있었나 싶을 정도였지만 사안을 보면 그럴 만도했다. 울산 반구대 암각화 문제는 우리나라 사회갈등 1호 과제였다. 우리나라 문화재 중 으뜸이라 평가되는 선사시대 암각화가 울산시의 식수용 댐 때문에 1년에 한 번씩 물고문을 받는 중이었다. 댐의 수위를 낮추라는 문화재위원회의 결정을 수용하자니 대체수원이 없었다. 수로를 우회시키는 제안, 생태제방을 쌓겠다는 제안은 문화재위에서 부결되었다.

이도저도 못한 채 20년째 제자리걸음이었다. 울산시와 문화재청의 관계는 극한으로 치달았고 성난 시민들은 문화재위원들의 방문조차 막았다. 박근혜 대통령까지도 암각화만 생각하면 가슴이 아프다고 말할 정도였다. 이런 가운데 내 제안이 등장했던 것이다. 수위에 따라 댐이 오르내리고 기존 경관과 지형을 전혀 훼손하지 않고도 복원이 가능하다니 당연히 모두가 들뜰 만했다.

조 실장의 물음에 나는 확고하게 말할 수밖에 없었다. "됩니다." '공학적 진실이 성립되기 위한 전제조건' 따위를 설명했다가는 이해하기도 전에 "안 된다는 얘기군요"라고 답할 것이 오랜 경험상 분명했기 때문이었다. 그 이후는 알려진 바와 같다. 자세한 얘기는 본문에 썼으니 읽으시길 바란다.

다만 내가 이 일을 통해 말하고 싶은 것은 왜 사회갈등 1호 과제, 그것도 건축이 아닌 고미술문화재 문제와 식수댐 같은 토목의 문제가 건축가에 의해 해결되려 하는가, 이다. 결론적으로 말하면 나는 건축가야말로 이러한 복합적이고 복잡한 문제를 해결할 수 있는 유일한 사회적 존재라고 믿는 사람이다. 나는 이러한 종류의 인간형을 '브리콜뢰르형'이라 부르며 건축가야말로 이런 타입에 가장 가깝다고 믿는다.

브리콜뢰르는 프랑스의 인류학자 레비스트로스가 도입한 개념이다. 원시인들은 문명사회처럼 미리 예정된 기획을 통해서가 아니라 자연이 우연적으로 제공하는 것들을 체계적으로 조직함으로써 치밀한 사회구조를 만든다. 이 문화조직자를 '손재주군'을 의미하는 브리콜뢰르라 칭한다. 이런 점에서 브리콜뢰르는 주어진 조건에 따라 해답을 만드는 엔지니어의 반대쪽에 있게 되는 바, 이들의 가장 두드러진 능력은 다면적 장인능력과 임기변통 능력이다. 즉 엔지니어는 개념과 보편적 법칙에 의해 작업하지만 브리콜뢰르는 구할 수 있는 자원을 이용해 즉흥적으로 작업을 수행한다.

　　내가 건축가를 엔지니어에 대비되는 브리콜뢰르형 작업자로 보는 이유는 건축이 공학에서 예술까지 여러 분야에 걸쳐 있기 때문만은 아니다. 건축가는 어떤 문제에 대해 사후적인 해결만을 하는 사람problem solver이 아니라 그 문제의 본질을 파악하여 드러나게 하는 역할까지 할 수 있는 사람 problem definer이라는 뜻이다.

　　예컨대 르 코르뷔지에가 "혁명을 피하려면 건축을!"이라고 주장했을 때의 '건축'은 집짓는 건축 행위 자체만을 칭하는 것이 아니었다. 오히려 그것은 근대적 정신과 근대적인 삶 그리고 이것을 가능케 하는 '근대적 방식에 의한 건축 생산'으로 읽어야 한다. 다시 말해 대표적인 이 시대의 브리콜뢰르 코르뷔지에는 근대건축 이전에 근대의 정신이 먼저 지어지기를 주장한 것이다.

　　이것은 이 시대의 건축가들에게도 요구되는 사항이다. 깊이만큼 넓게 보는 전문가, 사람과 기술을 동시에 이해하는 브리콜뢰르형 인간이 점점 없어지는 세상이기 때문이다. 사회가 고도화될수록 모든 분야는 깊어져만 간다. 문과와 이과 간의 벽은 태곳적 얘기이고 자연과학과 공학도 딴 세상이며 토목공학만 해도 수십 개의 전문영역으로 세분된다. 앞의 조 실장의 예처럼 행정가와 소통하려면 공학적 문법으로는 애당초 불가능하다.

사회적 문제들은 유사 이래 최악으로 꼬여 있는데 이를 조망하는 사람은 없다. 한마디로 세상이 모두 엔지니어에 의해 장악되어 있기 때문이다. 금융을 하는 사람들은 스스로 금융공학을 한다고 스스럼없이 얘기한다. 사회공학이라는 용어도 낯설지 않다. 공학이라는 토씨가 붙지 않아도 제반 사회과학이 공학적 방법론을 원용해 해법을 찾아온 지는 오래다.

이들끼리 의사소통이 되지 않는 까닭은 각각 독자적인 개념과 법칙을 가지고 있기 때문이다. 이는 레비스트로스의 지적처럼 엔지니어 작업 방식의 특징이다. 이 개념과 법칙은 당초부터 외부와 소통하려고 만들어진 것이 아니다. 자신의 계䑓의 깊이를 더 깊게 하기 위한 용도이니 날이 갈수록 더 폐쇄적이 된다.

이런 상황에서는 공학과 인문학 양쪽에 모두 다리를 담그고 있는 자만이 소통을 진행시킬 수 있다. 이 자는 문화 창조자이자 손재주군인 브리콜뢰르이고 이 시대에는 건축가만이 이 일을 담지할 수 있다고 믿는다.

반구대 암각화 문제는 표면적으로는 문화재위원회와 울산시의 갈등이지만 문화재를 책임져야 하는 인문학과 식수를 확보해야 하는 토목공학이 의사소통하지 못한 결과이다. 문화재 쪽에서는 물이 부족하지 않을 것이라 했고, 공학에서는 수위를 낮추어도 효과 없음을 수리모형으로 증명하여 화를 돋우었다. 이론의 싸움이 감정의 싸움이 되는 데는 오랜 시간이 걸리지 않았으며 해결은 더욱 난망해져만 갔다.

바로 이 지점에서 전혀 엉뚱하게도 건축에서 해결의 실마리를 제공했다. 건축이 인문학과 공학 '사이'間, in-between에 있는 학문이기에 가능했던 일이다. 나는 이 딜레마에 처음 접하는 순간 답을 얻었다. 왜냐하면 양측 모두 간절히 원하는 것이 그동안의 과정에서 모두 드러나 있었기 때문이다. 갈등의 답은 '중간'이 아니라 그 '사이'에 있다. 다시 말해 문제의 해답은 '절충'이 아니라 존재하지 않을 것으로 믿는 그 '사이'의 빈곳에 있다는 뜻이다.

　　솔로몬의 판결 같은 그런 것이다. 반씩 나누는 것이 아니라 드러나지 않는 친모를 찾는 것이 답이다. 인문학이 원하는 '보존'과 공학이 원하는 '식수'의 문제를 동시에 해결할 방법은 이미 있었다. 다만 서로 찾지 않았을 뿐이다. 답은 '발명'이 아니라 '발견'으로 얻어졌다. 이 답이 기술적으로 타당한지에 대해서는 결론이 났으며 최종 설치여부에 대한 결론은 실물검증 후에 문화재위원회의 몫으로 남아 있다.

　　건축은 인문학이자 공학이자 예술이다. 더 엄밀하게 말하면 그 '사이'에 있다. 왜냐하면 건축은 이들 셋을 두루 하는 것이 아니라 이들 '사이'의 정합성을 다루기 때문이다. 건축의 3대 요소가 기능, 안전, 미라는 것은 대학 신입생 오리엔테이션에서 듣는 얘기이다. 이에 각각 해당하는 것은 공간, 구조, 형태이다. 기능을 담는 공간은 사람이 주체이므로 인문학의 영역이다. 무너지지 않아야 할 구조는 공학이 담당하고 형태에 의한 심미성은 예술의 영역이다.

　　그런데 건축은 이 세 요소를 두루 갖추고 있는 것을 지칭하지 않는다. 단순한 '건물'이기를 넘어 '건축'이 되기 위해서는 3대 요소가 정합성을 이루어야 한다. 이 셋이 서로가 서로에게 필연적인 관계이어야 한다는 뜻이다. '구조에 의한 아름다움', '공간적인 필연성에 의해 형성된 구조'. 이런 식으로 말이다. 그렇기에 건축은 건물보다 어렵고 다른 어떤 학문보다 힘들다.

그렇다면 건축은 이 세 요소 중 어디에 거居하는가? 답은 이 셋 '사이'이다. 정합이란 이 '사이'를 보는 것이다. 수많은 건물들이 기능적이며 안전한 것은 물론이고 아름답기조차 한데 건축의 반열에 들기 힘든 것은 이 '사이'가 허술하기 때문이다. 그렇기에 건축은 본디 '사이'에 존재하는 것이고 이 셋을 횡단하는 '표면'에 거한다.

그러므로 건축을 하는 건축가 또한 생래적으로 '사이'에 거하는 자이다. '사이'에는 아무것도 없다. 형과 동생 '사이'에는 무관심이 있고 길과 집 '사이'에는 결핍이 있다. 따라서 어느 진영에 속하지 못한 건축가는 근본적으로 무엇이든 부족하다. 대신 가난한 그에게는 세상을 명징하게 볼 수 있는 눈이 있으며 부족한 주위의 것을 그러모아 물건을 만드는 임기응변의 손이 있다. 바로 브리콜뢰르이다.

나는 15년간 아틀리에를 운영했고 10년간 대형 설계조직에 몸담았다. 그 사이에 한양대에서 3년 여간 조교수 생활도 했고, 6년간 고충처리위원회와 국민권익위원회에서 비상임위원으로 공직을 경험해 보았다. 1989년, 2002년에 각각 창립된 '청년건축인협의회'와 '새건축사협의회'에서 회장을 역임했으며 민예총과 한국건축연합의 창립에도 나름 봉사했다.

대학원과 창업 전 다니던 현대건설에서는 구조와 설계를 아울러 배웠으며, 건원건축과 선진엔지니어링에 다니면서 국내의 웬만한 대형 프로젝트 구경은 다 해보았다. 파란만장하다고 해야 하나 산전수전 다 겪었다고 해야 하나, 적당한 표현이 없기는 하지만 깊이는 몰라도 넓이로는 이곳의 건축가 중 둘째가라면 약간 섭섭하다.

카이네틱 댐으로 근 일 년을 시달리면서 수많은 공학자와 건축가 중에 하필이면 왜 내가 이 일을 하게 되었을까를 생각해 보았다. 답을 얻는 것은 어렵지 않았다. 위에 적은 이력은 나를 '사이에 있는 자'로 만들었기 때문이다.

건축을 중심으로 구조와 도시를 넘나들면서 공학적 엄정함과 인문 사회과학의 인간주의를 배웠다. 아틀리에, 대형조직의 프로젝트를 통해서 건축적 완성의 문제와 거대 프로젝트의 속성과 씨름도 해보았다. 조직이 무엇인지 공공성과 행정이란 무엇인지도 알게 되었으며 학생, 비전공자들과 소통하는 법을 익힐 기회도 있었다. 어디 한군데에도 정착한 적은 없지만 그들 '사이'의 지리에 관한 한 나는 달인이었다.

무모하기까지 했던 카이네틱 댐의 제안과 건축, 구조, 기계, 수리, 암석, 토질, 미기후학에 소음진동학까지를 조율해야 하는 프로젝트를 꾸려갈 수 있었던 것은 전적으로 이들 '사이'에 나의 영역이 있어서였다. 내 첫 저서 『건축은 반역이다』에서 나는 스스로를 박쥐라고 했다. 들짐승과 날짐승 사이에서 어디에도 속하지 못하는 존재 말이다. 15년 전인데 여전히 그 모양이다.

그러나 이 같은 경계인으로서의 삶은 나의 운명인 동시에 이 시대 건축가의 숙명이라고 생각한다. 말하였듯이 현금의 세상은 모든 전문가들이 두더지처럼 자기의 굴을 깊게 파는 데만 몰두하고 있기 때문이다. '학제적'이니 '통섭'이니 하는 용어도 내게는 수사법으로만 들린다. 전문가들끼리 필요한 채널만을 켜놓은 것처럼 보이는 까닭은 통섭의 공간에 거처하는 사람이 드물기 때문이다. 무릇 실천이 담보되지 않은 이론은 언설일 뿐이다.

이 책은 나의 '사이' 공간에서의 유랑기이다. 건축의 본질을 부여잡기 위해 갈등했던 기록이자, 건축의 가치를 훼손하려는 건설과 권력에 항거했던 과정에서의 성공과 좌절의 이야기이기도 하다. 그간 내 이름으로 나간 설계는 1,000여 개, 내가 직접 다룬 것은 200개 정도 되는 것 같다. 이 중 28개를 골랐다. 이 책의 구성은 이러하다.

1부에는 건축과 구조 '사이'에 걸쳐 있는 작업들을 모았다. 기하학, 정역학, 구조미, 공간과 구조 등이 주된 키워드이며 각 장을 마무리하는 에세이에 이들 주제에 대한 역사적·이론적 고찰을 나름대로 정리했다. 따로 이것들만 읽어도 맥락이 닿을 것이다. 2부에는 건축과 도시에 걸친 작업들을 수록했다. 순서는 건축 스케일로 시작해 단지, 도시 스케일의 계획으로 확장된다. 마찬가지로 각각에 해당되는 이론들과 나의 주장들로 마무리했다.

내 작업들은 나와 마찬가지로 '건축'에 속해 있는 것이 없다. 나는 '건축가'이지만 '건축'가는 아니기 때문이다. 나의 건축은 '사이'에 있으므로 여전히 '건축'에 없을 것이고 앞으로도 그럴 것이다.

건축과
구조 사이

Geometry
& Statics

1

기하학적 상상력

Geometrical Imagination

공학 안에 있는 엔지니어가 오랜 세월에 걸쳐
검증된 '공학적 상식'을 넘기란 거의 불가능하다.
건축 안에만 거하는 사람도 마찬가지다.
어떠한 임의적인 형태도 구현 가능하게 하는 현대 구조공학은,
형태─구조의 '동시적이고 정합적인 실현'을 필요없게 만들었다.
건축가'들도'가 아니라 건축가'야말로'
구조를 통달해야 한다고 나는 믿는다.

카이네틱 댐:
수평 아치 Horizontal Arch

'반구대 암각화'는 울산 대곡리 대곡천의 암벽에 새겨진 선사시대의 유적으로 호랑이, 멧돼지, 사슴 등의 육지동물과 작살 맞은 고래, 새끼를 배거나 데리고 다니는 고래의 모습 등과 무당, 사냥꾼, 배를 타고 고래를 잡는 어부 등을 묘사하고 있다. 신석기 말에서 청동기시대에 제작된 것으로 사냥미술인 동시에 종교미술로서 선사시대의 생활과 풍습을 알 수 있는 걸작이자 세계에서 가장 오래된 포경 기록유산이다.[1] 1971년 발견되었고 1995년 국보 제285호로 지정되었다. 2009년 문화재청이 조사한 바에 의하면 우리 국민들은 암각화를 4,926억 원으로 우리 문화재 중 가장 가치롭게 여기고 있다 한다.

그런데 이 암각화가 일 년에 한번 수개월씩 물에 잠긴다. 울산시에 생활용수를 공급하기 위해 대곡천을 막아 건설된 사연댐 때문이다. 암각화 발견 6년 전 일이니 이러지도 못하고, 울산시 식수의 42%를 담당하고 있으니 저러지도 못한다. 2010년도 조사에 의하면 물에 의해 암석의 방해석칼슘이 녹아 암면의 23.8%가 훼손되었다 한다. 물과 댐을 포기하자니 울산 식수에 대한 대책이 없고 그대로 두면 수천 년을 견딘 문화유산이 사라질 처지이다.

다들 손놓고 있었던 건 아니다. 사연댐의 수위를 낮추고 대체 수원을 찾기 위해 댐 하부의 준설, 상류의 대곡댐이나 인근 밀양댐에서 물을 가져오는 방안, 낙동강에서 추가 취수하는 방안, 지하 암반수나 강변 여과수 개발안에 심지어 해수를 담수화하는 방안까지 연구했으나 모두 타당성이 없는 것으로 드러났다.

---

01 이러한 이유로 유네스코 세계문화유산으로 등재 추진 중이며 현재 잠정 등재되어 있다.

울산 대곡리 반구대 암각화.
반구대 암각화 모사도.

2009년에는 국무총리실이 주관해 대체 수원 확보와 더불어 수위조절
안이 합의되었으나 물을 주어야 할 지자체의 거부로 2011년 무산되었다. 문
화재청도 자체적으로 진공차수공법, 매립 보존안, 사연댐 도수관로 확장안[2],
플로팅펜스 설치안 등을 검토했으나 역시 대안이 될 수 없었다.

이와 더불어 사연댐은 그대로 둔 채 암각화를 물로부터 보호하는 방법
도 제시되었다. 인근 산에 터널을 뚫어 물길을 돌리는 방안이 울산시에 의해
2008년 제시되었고 임시제방을 쌓자는 안과 차수벽이나 생태제방을 쌓자는
안도 2009년, 2011년, 2013년 제출되었으나 이번에는 암각화 주변의 경관과
생태환경 변화가 예상된다는 이유로 문화재위원회에서 부결되었다. 문화재의
원형을 보존하는 것이 임무인 위원회로서는 당연한 결정이다.[3] 이 와중에 울
산시가 시행한 수리모형 실험에서 사연댐의 수위를 조절하면 홍수 때 암각
화를 향한 유속이 10배 이상 증가한다는 주장[4]이 제기되어 수위 조절안을
강권하는 문화재위원회와 울산시의 대립은 극으로 치달았다.

답이 없었다. 박근혜 대통령도 반구대 암각화만 생각하면 가슴이 아
프다고 2013년 4월 수석비서관 회의에서 말했다. 이러던 중 2013년 5월 나의
제안을 『중앙일보』가 보도했다. 투명한 막으로 물을 막고 물 문제가 해결되

---

02 사연댐에서 물을 방류하자는 안. 사연댐은 수문이 없어 취수구에서 물을 버려야 한다.

03 문화재위원회는 가장 보수적인 의사결정 기구일 수밖에 없다. 문화재보호의 원칙은 '문화재는 선
조가 우리에게가 아닌 미래에게 남긴 것이다'라는 대전제 위에 있으며 이는 만국 공통이다. 진시황릉
을 발굴하지 않는 이유도 금세의 기술로 원형을 훼손할 우려 때문이다.

04 수리모형 실험에 따르면 수위를 낮추어 둘 때 홍수 시에는 상류 대곡댐의 방류에 의해 유속이 10배
나 증가하고 유향도 암각화 전면으로 향하게 되어 오히려 암각화에 대한 더 큰 피해가 우려된다는 주장.

면 해체하면 된다, 수위에 따라 물막이 높이를 연동시키면 미기후적 영향[5]도 없다는 제안이었다. 간단한 제안이지만 반향은 컸다. 그 날로 국회와 문화재청에서 보자고 했다. 지역구가 울산인 강길부 의원에게 설명했고 며칠 후 황우여 대표와 울산 지역구 의원들에게 브리핑한 후 새누리당의 공식 입장이 되었다.

문화관광부와 청와대 교육문화수석에게도 설명했다. 6월 12일 국무조정실에서 불렀다. 진짜 자신 있느냐고 물어서 그렇다고 했다. 나흘 후 국무총리 주재로 국무조정실장, 문화부장관, 문화재청장, 울산시장이 "카이네틱 댐으로 반구대 암각화 침수문제를 해결하기로" 협정하였다. 사회갈등 1호 과제가 풀리는 시점이었다.

"어떻게 구상하게 되었나요?" 언론 인터뷰마다 묻는 질문이다. "저니까 생각해냈지요."가 답이지만 "대학원생들과 수업하다 착안했지요."라고 말한다. 항상 설계 과제를 학생들이 스스로 찾게 하는 나는 이원혁 학생을 통해 '반구대 딜레마'를 2013년 3월 처음 알게 되었다. 듣는 순간 해결안이 떠올랐다.

울산시가 제안한 생태제방을 문화재위원회에서 거부한 첫째 이유는 통수단면[6] 확보를 위해 강 건너편까지 절개하면 경관이 변하고 공사, 소음진동이 생긴다는 것이었다. 직선 댐은 두꺼운 단면으로 수압을 견뎌야 하니 그

---

05 예컨대 생태 댐을 만들면 10미터 높이의 제방이 쌓여 공기와 습기가 정체되고 우물효과에 의해 이끼류가 발생하는 등 광물학적 변화가 있을 수 있다. 이렇게 국부적인 기후 여건 변화를 미기후(micro-weather)적인 영향이라 한다.

06 물이 막힘 없이 원활히 흐르도록 물길의 각 단면적은 일정해야 한다.

럴 수밖에 없다.[7] '그렇다면 눕힌 아치로 수압을 받게 하면 되겠군!'이라는 생
각이 순식간에 스쳤다. 수압을 단면이 아닌 평면으로 해결하는 것이다. 단면
이 캔틸레버인 구조가 아니라 평면이 아치인 구조로 만들면 댐의 두께를 줄
일 수가 있다는 말이다.

두 번째 이유는 영구적으로 높이 10여 미터의 둑에 가두면 암각화에
이끼발생 등 미기후적 환경 변화가 우려된다는 것이었다. '그렇다면 수위에
따라 댐 높이를 연동시키고 투명 막으로 하면 되겠군!' 아이디어가 뒤를 이
었다. 수위는 우기인 칠팔월의 60미터를 고점으로 11월까지 하강한다. 댐 높
이를 이에 따라 오르내리게 하면 적어도 7개월 이상은 자연 상태에 노출되
게 할 수 있다는 뜻이다.

무식하면 용감하다. 아니, 사안을 간단하게 보는 사람만이 답을 얻는
다. 모든 문제의 본질적인 모순은 하나 아니면 둘이다. 나머지는 여기에서 파
생되는 부차적인 문제들이다. 그런데 복잡계 안에 있는 사람은 이 답을 보지
못한다. 미로maze에 들어가 있으면 모든 길이 다 같아 보인다. 미로를 풀려면
위에서 보아야 하듯이 복잡한 문제를 해결하려면 단순한 모순 하나로 응축
시켜야 한다.

지구가 둥글다면 오른쪽에 있는 인도를 왼쪽으로 가도 만날 것이라고
간단하게 생각하는 자들이 신대륙을 발견한다. 풍랑과 식량 문제 따위는 하
위 모순이다. 암각화 문제를 문화재 문제, 토목의 문제, 정치적인 갈등이 섞
인 문제로 보았기에 그간 답이 없었던 것이다. 전혀 엉뚱한 건축과 기계의

---

07 보통 하천의 제방이나 소양강 댐 같은 직선 댐은 댐이 수압에 대해 캔틸레버이어야 하고 지지력
은 댐의 자중에 의해 견뎌야 하므로 댐의 단면이 커야 한다.

문제로 보니 답이 보였다. 문제의 핵심을 이해하면 반은 성공이다. 그러나 이를 구현할 기술을 조합하는 것은 또 다른 차원의 상상력을 요한다.

이때까지만 해도 이 카이네틱 댐을 암반에 고정시키고 구조물 안으로 물이 들어오지 않도록 막는 문제를 매우 간단하게 생각했다. 자중으로 해결되지 않는다면 부력 문제는 암반에 락 앵커[8]를 박아 고정시키면 될 것이고, 암벽에는 콘크리트로 버트레스를 만들고 틈새는 시멘트로 그라우팅[9]을 하면 간단하게 처리될 일이었다. 암벽이나 암반은 문화재가 아니니 상관없다고 본 것이다.

그런데 그것이 아니었다. 카이네틱 댐 설치에 대한 계획이 발표되자마자 수많은 비판과 우려가 쏟아졌다. 지반에 대한 어떤 조사도 이루어지지 않았는데 암반의 발파, 쇠말뚝 박기, 암벽에 대한 그라우팅을 기정사실화한 비판이 줄을 이었다.[10] 문화재위원회 또한 그 어떤 장치나 공사가 암각화의 일부라도 훼손하는 것을 용납하지 않는다는 입장임을 알게 되었다.

잠이 오지 않기 시작했다. 도대체 암반의 원형을 전혀 건드리지 않고 이것을 고정시키는 방법이 있을 수 있는지, 너무 쉽게 생각해서 망신당하는 것인지는 아닌지 고민이 시작되었다. 국무조정실과 약속한 대로 기초조사와 예비 공학적 검토를 시작했다. 이 과정을 통해 타당성이 입증되지 않으면 모

---

08 rock-anchor: earth-anchor 라고도 하며 지하층이 깊은 건물의 경우 지하수면에 의해 부력이 생기므로 건물이 뜨는 것을 방지하기 위해 건물 하부에서 닻을 내려 암반에 고정시킨다.

09 cement grouting: 시멘트 용액을 압력을 걸어 주사(注射)함으로써 바위의 틈새를 메우는 공법.

10 지반조사가 이루어져야 어떠한 공법을 채택할 것인지 결정된다. 이들 비판은 일반적인 조건, 일반적인 공법을 전제로 나온 것들이었다.

든 상황은 2013년 봄으로 돌아가는 것이다. 이를 위해 문화재청에서는 암각화 전면의 사전 발굴조사를 시작했다. 공룡 발자국이 80여 점 발견되었다. 몇 억 년 전의 공룡도 협조를 안 해주었다. 공룡 발자국까지 보존할 수 있는 안을 생각해내야 했다.

"틀니를 만들면 되겠군!" 어느 날 틀니 끼신 어머니가 고기를 힘겹게 드시는 것을 보며 또 한 번 번개처럼 영감이 스쳐갔다. 임플란트와는 달리 틀니는 착탈이 간단하다. 암반을 잇몸이라고 치고 이에 꼭 맞는 틀니를 만들어 끼워 넣으면 기대 수명 후 해체가 쉬울 것이며 지형에 손상을 주지 않을 것이다.

암반의 요철과 암수가 맞는 틀니를 만드는 법을 구상했다. 프랭크 게리가 즐겨 사용하는 파라메트릭 디자인 기법이 유효할 것 같았다. 재료는 날카로운 모서리 부분까지 강도가 골고루 보장되는 GRC[11]가 좋을 것 같았다. 국내에서 시공 가능한 업체를 수배해 보니 조경용 인공암반을 만드는 회사가 찾아졌다. 협의 후 가능하다는 판단에 바로 실험 모델을 주문했다. 성공이었다.

마지막으로 암벽을 원형 그대로 보존하기 위해서는 그라우팅을 비롯한 그 어떤 조치도 할 수 없다는 문제가 남았다. 겉으로는 흔적도 남지 않는 그라우팅이라는 쉬운 방법을 쓰지 못하는 것이다. 더구나 암각화 일대의 암석은 퇴적암으로 시루떡처럼 암석의 켜 사이에 간극이 넓고 많아 그라우팅은 필수적이었다. "물을 막지 못하면 퍼내면 되잖아!" 또 역발상이 유효했다.

---

11 glass-fiber reinforced concrete: 유리 섬유 보강 콘크리트. 콘크리트의 내마모성을 증대시킨 제품으로 외벽용 PC판넬에 주로 쓰인다.

기하학적 상상력
Geometrical Imagination

물이 얼마나 들어올지를 알아야 했다. 다행히 첨단의 암반공학에서는 이 양을 거의 정확하게 수치 해석하는 기법이 개발되어 있었다. 계산된 침투수의 양은 최악의 조건일 경우에도 시간 당 12.2톤이었다. 통상적으로는 많은 양이지만 100밀리미터 강우시 댐 안으로 들어오는 빗물의 양에 비해서는 33분의 1밖에 되지 않아 충분히 퍼낼 수 있는 용량이었다.

넉 달의 고단한 작업과 국무조정실에서 위촉한 11명의 기술평가단 검증이 계속되었다. 12월 말 '기술적 타당성이 있으며 현재의 기술로 구현이 가능하다.'라는 평가 결과가 나왔다. 2014년 1월 문화재위원회에서 심의를 했다. 설치 전에 실물실험을 실시할 것과 이 구조물이 한시적인 설치물임을 확증할 수 있는 근거를 요구했다. 두 차례의 심의를 더 거친 후 울산시에서는 국토부의 의견을 첨부해 10년 동안만 존치하겠다는 계획을 제출했고 이 글을 쓰는 현재 실물 실험을 위한 준비가 진행 중이다. 모든 절차를 마치면 내년에는 암각화를 물로부터 구해낼 수 있을 것이다.

이것이 완성되면 세계 최초가 될 것이다.[12] 그러나 요소 하나하나는 모두 이미 세상에 나와 있는 것들이다. 투명막으로 된 물막이는 수족관이 바로 그것이다. 수족관에서는 두께가 1미터 가까이 되는 통 아크릴 판이지만 여기에서는 폴리카보네이트[13]를 알루미늄 복합 판넬 창호와 결합한다.

상하로 움직이는 카이네틱 구조는 갑문에서 흔히 쓰이며 군사공학이나 우주공학, 예컨대 오지에 부교를 놓을 때나 화성탐사선이 스스로 펼쳐져

---

12 전 세계에 유사 사례가 없지 않느냐는 비판에 대해 나는 이런 식으로 항변하고는 했다. "문화재가 침수와 노출을 반복하는 경우가 세계적으로 없기에 아직 이 사례가 없는 것이지요."

13 poly-carbonate: 합성수지 계열의 투명판. 유리보다 150배 이상의 강도를 가지며 전투기 캐노피, 방탄유리 등에 쓰인다.

위_카이네틱 댐이 만수위 때 암각화를 보호하고 있는 모습.
아래_갈수기에 투명막이 접혀서 감추어진 모습.

기하학적 상상력
Geometrical Imagination

야 할 때도 응용되는 구조이다.[14] 암벽, 암반에 어떠한 지지, 정착용 철물을 설치하지 않고도 제자리에서 수압을 견디는 구조물 또한 찾아보면 있다. 유명한 후버댐 같은 중력식 댐은 오직 댐의 자중과 암반, 암벽의 마찰력만으로 엄청난 수압을 견딘다.

그라우팅 없이 차수하는 법? 있다. 침입하는 물의 처리방식은 방수공법을 써서 아예 못 들어오게 하는 차수방식water barrier도 있지만 일부러 들어오게 한 후 퍼내는 영구배수dewatering 공법도 있다. 깊은 지하층을 가지는 건물에서는 지하구조물에 대한 수압을 저감시키기 위해 일부러 이 방식을 쓴다.

세상에 없던 것을 만드는 것도 창조이지만 있는 것들을 새롭게 조합해서 새로운 쓸모를 만드는 것도 창조이다. 전화와 카메라, 컴퓨터를 결합한 아이폰이 그렇듯이. 창조는 처음에는 무시당하다가 비난받고 결국은 대세가 된다.

작년 이 제안이 처음 등장했을 때 많은 전문가들이 비웃었다. 그렇게 쉬운 것이라면 지금껏 해결이 되지 않았을 리가 없다 했고 건축가의 철없는 아이디어라 했다. 후반기에 접어들어서는 욕을 먹었다. 문화재를 대상으로 세계에 선례가 없는 것으로 실험을 하려 한다는 내용이었다. 앞으로 어떻게 될까? 나도 궁금하다.

---

14 kinetic structure: 가변식 구조를 뜻하며 창문, 갑문, 셔터, 로봇 등도 일종의 카이네틱 구조이다.

월드볼:
모서리 딴 정20면체 Truncated Icosahedron

원이 같은 면적의 도형 중 둘레 길이가 최소인 도형이라면 구는 같은 용적의 입체 중 표면적이 최소인 입체이다. 우리 주위 곳곳에서 구의 이러한 속성을 알 수 있다. 우리는 추우면 몸을 웅크린다. 몸 전체를 구로 만들어 체온을 빼앗기는 표면적을 최소화하려는 전략이다. 겨울잠을 자는 곰이나 뱀도 공처럼 몸을 웅크린다. 이슬방울이 구인 것은 물 표면에 장력이 생겨 표면적을 최소화하는 방향으로 입체를 가져가려 하기 때문이다.

구는 또한 지지 면과는 점으로 만난다. 이 이치를 활용하여 움직이는 두 물체 사이의 마찰력을 최소화시키는 장치가 볼 베어링이다. 공이 구르는 것 역시 이 원리이다. 지면과의 마찰력이 0이므로 이론적으로는 무한히 구를 수 있다. 쇠똥구리는 이를 이용하여 자기 몸보다 큰 먹이를 옮기고 어디로 구를지 모르기 때문에 사람들에게는 놀이 도구가 된다.[15] '공은 둥글다'는 뜻은 불가측하다는 뜻이다.

같은 공이라도 당구공 같이 속이 차 있는 공과 축구공 같이 비어 있는 공은 재료도 다를 뿐더러 만드는 방법도 다르다. 당구공은 돌을 구 모양으로 깎아서 만든다. 반면 구의 표피를 만들어야 하는 축구공은 자못 어려운 과제이다. 자연 중에 구의 표면에 해당하는 재료가 없기 때문이다. 돼지 오줌보를 불어 공으로 썼던 역사가 이를 말해준다. 가장 구에 비슷하게 만드는 방법은 가죽 여러 조각을 이어붙인 후 바람을 넣는 방법인데 여전히 완벽한 구는 아니다. 그래서 축구공은 지금도 계속해서 진화하고 있다. 2차원

---

15 공과 손, 발이 만나는 지점이 단 한 점이어서 그만큼 방향을 조절하기가 힘들기 때문이다.

의 가죽조각으로 어떻게 3차원의 구를 완벽하게 흉내내느냐가 영원한 숙제이다.[16]

농구공이나 배구공과도 달리 축구공은 엄청난 힘을 받기 때문에 가죽을 잇는 솔기가 공 표면에 균등하게 분포되어 있지 않으면 약해서 터진다. 무늬만 공이 아니라 진짜 구처럼 등방적이어야 한다는 뜻이다. 정다각형으로 이루어진 입체인 정다면체를 이용하면 이 문제를 풀 수 있다.

일찍이 플라톤은 다섯 가지정4, 정6, 정8, 정12, 정20밖에 없는 정다면체에 대해 언급을 했고, 아르키메데스는 그중 구에 가장 가까운 정 20면체의 모서리를 깎으면 12개의 정오각형과 20개의 정육각형으로 구성되는 입체 truncated icosahedron가 된다는 것을 알아냈다. 지금까지 우리에게 가장 익숙한 축구공의 기하학인 이 입체는 아디다스 사가 특허를 내서 1970년 멕시코 월드컵에 등장한 텔스타telstar이다.

1985년에는 이 입체의 60개 꼭지점에 탄소분자 하나씩이 달려 있는 C60이 실험실에서 합성되었는데, 이를 발견한 과학자들은 그 공로로 1996년 노벨 화학상을 수상한다. 이 물질은 버크민스터풀러렌Buckminsterfullerene 또는 버키볼buckyball로도 불리는데 미국의 천재 발명가이자 건축가인 버크민스터 풀러의 지오데식 돔과 비슷한 원리로 구성되었기 때문이다.

지오데식 돔은 선형부재로 구의 표면을 만드는 방식으로 1922년에 독일의 엔지니어 발더 바우에르스펠트Walther Bauersfeld에 의해 발명되었으나 정작 미국특허를 얻고 유명하게 만든 이는 풀러이다. 역시 정20면체를 바탕으

---

16 3차원의 입체를 2차원의 재료로 만들기 위해서는 '전개가능'한 입체이어야 한다. 원뿔이나, 원통은 전개 가능하나 말안장이나 구는 '전개 불가능'이다.

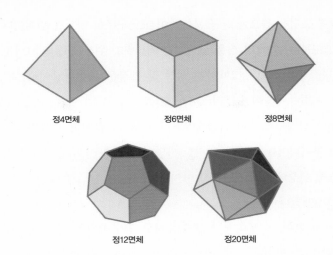

정4면체   정6면체   정8면체

정12면체   정20면체

정다면체의 종류는 오직 다섯 가지이다.
정20면체의 모서리를 깎아서 만든 축구공 텔스타.

로 삼각형 도형을 필요한 만큼 분할하여 표면구조를 만드는 방식이다.

월드볼은 2002년 서울 월드컵을 기념하기 위한 상징물로 서울시의 의뢰로 만든 구조물이다. 그때까지 시청 앞 광장은 교통광장이었는데 이것이 들어갈 자리는 연등이나 크리스마스 트리가 설치되던 교통 아일랜드였다. 고 건 시장이 상징구조물이 있었으면 하는 바람을 말했고 강홍빈 제1 부시장이 내게 아이디어를 구했다. 난지도 사면처리 문제, 상암 경기장 주변의 여러 시설 문제, 한강에서의 기념행사 아이디어 등으로 강 부시장은 거의 매주 나를 부르던 때였다.

이미 한해 전 광화문 원표광장에도 축구공의 기하학으로 구조물을 설치했던 터라 이번에는 축구공이 하늘에서 회전을 하면 어떻겠는가라는 제안을 했다. '월드볼'은 이후 시민공모에 의해 채택된 이름이고 '시청 앞 축구공'은 이렇게 해서 시작되었다.

지오데식 돔으로 하면 아주 쉽다. 이미 기성품 모듈이 있으니 짜 맞추고 거죽만 축구공 패턴을 입히면 될 터였다. 그러나 그것은 명색이 구조건축가인 내가 할 짓이 못된다고 생각했다. 축구공의 기하학인 깎은 정 20면체의 기하학이 바로 구조이자 형태이어야 했다. 이렇게 마음먹고 보니 세계 최초의 난공사였다. 잘디잔 지오데식 부재와는 달리 엄청난 철골 파이프들을 공중에서, 그것도 수평, 수직 이음매가 단 한군데도 없이 조립해야 하는 것이다. 더욱이 예산은 겨우 2억 남짓, 공기는 2.5개월 정도였다.

현장에서의 작업을 최소화할 수 있는 부재를 고안해야 했다. 이윽고 육각형과 오각형이 만나는 절점 부품 안에 구의 곡률을 만드는 각도와 부재 사이의 각도를 다 담을 방법을 찾아냈다. 선형부재는 모두 똑같이 만들고 조립자가 공중에서 요가 자세를 취해야 하기는 하지만 구멍들만 맞추어 볼트로 연결하면 된다.

축구공은 공기압에 의해 표면에 인장력이 생기지만 이 구조물은 압축력을 받기 때문에 오각형 육각형이 찌그러지려 한다.[17] 이 문제도 난관이었다. 와이어로 오각형, 육각형을 삼각형으로 분해시키고 가운데를 볼록하게 만들어 구에 더 가까운 표면이 되도록 했다.

구의 하중을 기단으로 전하는 기둥은 파이프로 하되 풍압 등을 견뎌야 할 것이므로 쌍곡포물선[18] 형태의 그물구조로 와이어를 이용해 에워쌌다. 이 기둥은 서양의 우주생성 신화마다 등장하는 '세계의 축'axis mundi을 상징한다. 8각형의 기단에는 동양 전통사상의 우주만물의 이치를 설명하는 팔괘 중에서 후천세계를 뜻하는 '문왕팔괘'를 그려 넣었다. 이렇게 지구와 우주의 생성, 변화원리에 대한 동, 서양의 사상을 융합, 화해시키는 상징을 가짐으로써 지구촌 축제의 상징물이 되기를 원했다.

돈도 모자랐고 공기는 턱없이 부족했지만 어찌되었건 완성했다. 부품제작은 1개월 만에, 현장 조립은 19일 만에 끝났다. 그리고 6월 기적이 일어났다. 대한민국은 4강까지 진출하고 시청 앞 광장에선 지금껏 인류가 구경하지 못했던 광경이 펼쳐졌다. 붉은 카펫! 그 한가운데 2억 7,000만 원짜리 축구공이 힘차게 돌고 있었다. 나의 작업이 전 세계에 중계되는 것에 부르르했다.

월드컵이 끝나고 고건 시장도 그해 말 물러났다. 월드볼은 역사적인

---

17 안정구조(stable structure)인 삼각형과는 달리 사각형 이상의 다각형은 옆에서 밀면 기하학적 형태가 와해되는 불안정구조(unstable structure)이다. 이들 도형을 안정적으로 만들려면 내부에 사재(bracing)를 걸어 삼각화(triangulate)해야 한다.

18 hyperbolic paraboloidal cornoid : 가로 세로 방향의 곡률이 서로 반대 방향인 곡면. 쉽게 찾아볼 수 있는 면이 말안장 면이어서 saddle structure라고도 한다.

위_2001년 광화문 원표광장에 설치된 조형물.
아래_2002년 6월 서울시청 앞 광장.

상징물이므로 계속 존치하는 것을 방침으로 남겼다. 이명박 시장은 시장실 앞에서 돌고 있는 이 물건에 심드렁했는가 보다. 잔디광장 계획이 세워지고 북새통에 월드볼은 상암동 경기장 뒤꼍으로 치워진다. 상암동에는 가급적 안 간다.

청라 시티타워:

역 오벨리스크 Reversed Obelisk

성경의 바벨탑 얘기는 이렇다. 사람들이 "성읍을 짓고 하늘에 닿을만한 탑을 쌓아 이름을 날리자. 그리하여 우리가 흩어지지 않게 하자."라고 하니 하나 님이 "저들의 말을 흩어놓아 서로 알아듣지 못하게 하자."라며 언어를 흩어 놓아 성읍을 짓는 일을 그만두게 했다는 것이다. 탑, 언어, 신의 진노 등이 주 요 골자이다. 이 기록이 말하는 바는 탑 쌓기는 인간세계의 단결을 의미하 는 것이고 신 없는 인간끼리의 단결은 신이 용납하지 않는다는 뜻이겠다.

인간의 문명 발전은 이처럼 이중적이다. 한편으로는 언어를 통일하고 공동의 프로젝트를 도모하여 인간세계의 승리를 구가하고 싶은 마음이 있 으면서도 또 한편에는 이 세속적인 번성에 대해 신이 질투하고 저주를 내릴 지도 모른다는 공포가 자리한다. 모든 문명권에서 번영에 대한 감사의 제의 를 치를 때 인신공희人身供犧, 처녀제물, 식인풍습cannibalism이 뒤따르는 것은 이 때문일 것이다.

탑 쌓기는 인간의 행위 중 어쩌면 가장 신성모독적인 행위일 것이다. 옆으로 자연스럽게 누워 있던 돌을 중력의 법칙을 거스르며 곧추 세우는 일 이기 때문이다. 인간 문명의 승리이면서도 그렇기에 신의 진노가 가장 먼저 내릴 곳이었다. 그래서 번제단은 하늘에 가장 가까운 산꼭대기에 마련했을 것이고 아즈텍의 피라미드 위에서는 왕의 딸을 잡아 바쳤을 것이다. 신이 거 하는 처소로 여겨진 힌두교의 탑 고뿌람Gopuram이 불교의 석탑이 되어 부처 의 사리를 모시는 장소가 되는 것도 같은 맥락으로 읽어야 한다.

탑은 인간 세계의 영웅적인 성과를 기리기 위해서도 사용되었다. 로마 시대의 많은 전승 기념탑, 이집트의 오벨리스크를 빼앗아 한복판에 가져다

피테르 브리헐, 바벨탑, 1563년, 오크패널에 유화, 114×155cm, 빈미술사박물관.

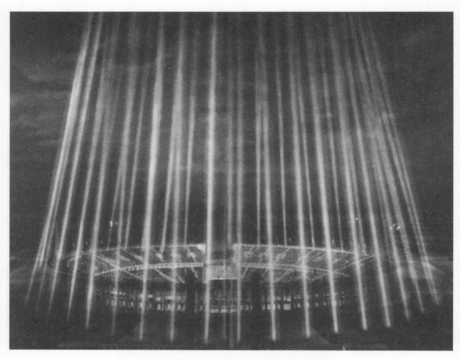

건축가 알베르트 슈페어가 고안한 '빛의 제전',
독일 국가사회주의당 뉘른베르크 전당대회, 1938.

놓은 런던, 파리, 로마, 뉴욕에게도 이는 일종의 전승비이다. 희대의 영웅주의자 히틀러가 빠질 리가 없다. 돌탑으로는 성에 차지 않은 그는 뉘른베르크 당 대회에서 빛의 탑을 선보인다.

이 시대 초고층 마천루는 물신숭배의 현대판 바벨탑이다. 이들이 한 도시의 랜드마크가 된다함은 이 도시의 정체성을 대표하는 바벨탑의 노릇을 하겠다는 의지이다. 사실 공사비만 따지면 100층을 짓는 것보다는 50층 2동을 짓는 것이 반 정도밖에 들지 않는다.[19] 그럼에도 초고층을 고집하는 것은 그것이 가지는 상징성 때문이다.

자본주의의 맛에 중독되기 시작한 중국에 일주일에 한 개 꼴로 초고층이 들어서고 중동의 석유국가들이 앞다투어 마천루를 세우는 것은 자신들의 부와 권위를 표현할 수 있는 이보다 적합한 물건이 없기 때문이다. 수백 미터 상공에서 인간 세계를 굽어 볼 수 있는 뿌듯함과 도시 전역에서 우러러 보게 만드는 위용은 현대판 제왕들이 꿈꾸는 새로운 신성神性: divinity이다.

한국토지공사에서 발주하고 청라신도시 한복판에 들어설 '청라 시티 타워' 또한 청라와 인천 경제자유구역IEFZ뿐 아니라 한국을 대표하는 랜드마크가 되기를 원한다는 것이 국제 현상공모의 취지였다. 2008년 초 36개국에서 143개의 작품을 응모했고 미국의 GDS라는 회사의 안이 당선되었다. 나의 안은 마지막까지 경합했는데 심사위원인 SOM의 구조 건축가가 강력히 주장해 2등으로 밀렸다는 후문이다.

당선안은 공교롭게도 나의 개념이기도 한 오벨리스크를 꼭 닮은 유리

---

19 초고층이 될수록 바람과 지진력에 견디는 강성이 제곱으로 커져야 되므로 강재가 많이 들고, 수직 이동시설 등에 쓰이는 코아의 면적도 커져야 하며 공사기간도 곱절로 든다.

기하학적 상상력
Geometrical Imagination

타워이다. 당선안이 유리로 오벨리스크를 만드는 방식인 반면 나는 뒤집어 놓은 오벨리스크를 제안했다. 이 과격한 구조적인 도전이 그 심사위원의 비위를 거슬렀는지도 모르겠다.

탑이든 고층건물이든 수직구조는 동서고금을 막론하고 위가 좁고 아래가 넓은 것이 상식이다. 무게는 아래로 내려올수록 축적되어 더 많은 단면적이 필요해진다. 또한 풍압은 위로 갈수록 강해지기 때문에 바람을 받는 면적이 작을수록 유리하며 바람에 대해서는 전체적으로 캔틸레버 구조가 되는 것이니 하단이 굵어야 하는 것은 당연하고도 당연하다. 그러나 나는 인류 최초로 위로 갈수록 굵어지는 탑을 만들고 싶었다.

가능만 하다면야 최초를 누가 마다하겠는가? 나는 탑의 형태적 실루엣과 탑의 구조적 본질을 서로 어긋나게 함으로써 이것이 가능하다고 판단했다. 탑의 외피는 역 오벨리스크의 형태를 가지지만 올라갈수록 구멍을 크게 내어 실제로 풍압을 받는 면적은 오히려 더 줄어들게 만든다. 반면 구조는 중앙의 압축 기둥에 방사형의 케이블 구조가 연결되어 전체적으로는 원추형 구조가 된다.

다만 이 케이블은 가늘어 눈에 띄지 않으므로 형태적으로는 은폐되는 효과가 있다. 이렇게 은폐된 구조는 하부가 굵은 시스템이되 전체 실루엣을 결정하는 표피 시스템은 역삼각형의 형태를 지니게 되어 '거꾸로 선 오벨리스크'reversed obelisk가 된다.

역 오벨리스크를 생각한 세 가지 이유는 이러하다. 첫째, 450미터나 될 이 탑은 세계에서 가장 높은 전망탑 중 하나가 될 터인데 평범하고 상식적인 형태로서는 기념비성을 획득할 수 없다는 생각이었다. 에펠의 탑이 당시에 그러했듯이 보는 사람으로 하여금 경이감을 자아내게 하기 위해서는

청라 시티타워, 2008.

기하학적 상상력
Geometrical Imagination

상식을 전도시키는 형태적인 도전이 필요하다고 보았다. 낚싯줄처럼 보이지 않는 강철 와이어에 의해 지탱되는 탑의 역상은 그럴 만하지 않을까?

두 번째는 상징성이다. 청라는 IEFZ 중 금융의 허브를 지향하는 신도시인 만큼 금융의 유동적인 성격, 즉 액체성이 그 상징의 대상이 될 수 있다고 보았다. 하늘에 매달린 고드름같아 보이기도 하고 마치 방울이 액체에 떨어졌을 때 생기는 왕관 모양같이 생긴 타워와 기단은 청라의 도시적 정체성을 상징한다.

세 번째는 기능적 이유이다. 전망대가 주 기능인 타워는 당연히 최상부에 가장 큰 면적을 필요로 한다. 원형으로 시작해 삼각형으로 마무리되는 탑의 상부는 넓고도 열린 형상을 가져 상하, 좌우 360도로 개방된 전망을 제공한다.

이 현상공모가 발주된 2007년은 토지공사, 주택공사의 전성기였다. 전국 곳곳에 신도시, 혁신도시를 건설하느라 수많은 역사役事를 벌이고 있었다. 벌여놓기만 하면 민간 건설, 개발사들이 달려들어 사업성이야 어떻든 굴러갔다. 이 타워도 이런 장밋빛 전망 아래 일단 공모를 한 사업 중 하나이다.

수익성과 재원 확보에 대한 세심한 계획도 없이 수익을 확보할 시설을 하부에 적절히 계획하라는 것이 전부였다. 아니나 다를까. 당선작을 뽑아 놓고 5년이 지난 지금도 이 타워는 시작할 것이라는 '설'만 무성하다. 사업방식도 재정사업, 민관공동사업을 거쳐 타워와 복합시설 일괄공모 사업으로 수차례 바뀌고 있다.

설계안은 원안대로 가는 것으로 보인다. 형태적으로나 기술적으로나 무난한 안이다. 민간 사업자에게 개발권과 시공권을 패키지로 묶어 주는 방식이니 고마운 설계안일 것이다. 사업자는 공사비를 줄이기 위하여 더욱 무난하게 바꾸려 할지도 모르겠다. 이러느니 무리하게 추진하지 말고 여건이 성숙할 때까지 보류한 후 제대로 짓는 것이 낫다는 생각이지만 벌여놓은 일에 책임추궁이 두려운 그들에게 먹힐 소리가 아닐 것이다.

바벨탑은 인간의 자원과 지혜를 총동원하여 신이 근심할 정도로 '하늘'을 향해 짓다가 좌절했지만, 이 시대 이 나라의 타워는 그 두려운 '하늘'을 민간업자들에게 경매에 붙인다. 참으로 세속적인 도시secular city[20]이다.

---

20 하비 콕스는 같은 이름의 저서에서 '세속도시'는 기동성과 익명성이 특징이라고 갈파한다. 기술에 의해 신의 공간이 점유되고 이를 대중들에게 판매하는 행위야말로 가장 세속도시다운 일이다.

창조는 발견이다

벌들은 육각형으로 집을 짓는다. 그들이 기하학을 알 리 없고 기록으로 건축술을 전할 리도 없는데 어떻게 여섯 개의 변이 120°로 만나는 정육각형으로 건축하는 것을 수억 년 동안 지속할 수 있을까? 이를 의아해 하는 것은 이성과 문자를 가진 인간만이 기하학을 사용할 수 있고 이를 후대에 전달할 수 있다고 여기는 인간의 오만한 편견이다.

　　우선 수많은 도형 중에 왜 정육각형이 채택되었을까? 단면이 원형인 연필과 육각형인 연필을 비교해보면 답이 나온다. 원형연필을 묶으면 원들 사이에 공극이 생기는 반면 육각형으로 하면 이 사이 공간이 없어진다. 원은 같은 면적을 만드는 데 변(둘레)의 길이를 가장 적게 할 수 있는 도형이다. 이 원에 최대한 가까우면서도 공극이 없는 도형이 정육각형이라는 것이 답이다.

　　벌집의 구조체이자 방들의 간막이인 벽은 자신들이 애써 채취, 공수한 밀랍으로 만든다. 최대한 길이를 줄여 재료를 아껴야 하는 동시에 방 크기는 최대로 해야 한다. 한때 있었음직한 원형을 고집하던 고전파 벌들과 정사각형을 실험하던 전위파 벌 무리들은 멸종하고 지금 남아 세상을 지배하는 벌들은 육각형을 찾았던 절충파의 후예들이다.

거북이 등의 리브골조가 육각형인 까닭도 같은 이치이다. 심지어 비누거품끼리의 각도도 120도이고 논바닥이 갈라질 때의 각도도 120도에 가깝다. 요컨대 기하학은 인간의 전유물이 아니라 자연의 법칙에 내재되어 있는 하나의 질서라는 것이다. 다만 인간은 이를 추상화, 즉 수학화하여 다른 사안에 적용할 수 있는 능력을 가지고 있을 뿐이다.

그러므로 기하학의 아버지 피타고라스가 "만물은 수이다."라고 말한 것은 다소 과장이 있지만 틀린 말이 아니다. 자연에는 법칙이 존재하고 그 법칙은 수학화가 가능하므로 마치 수가 세상만물을 창조한 듯 볼 수도 있다. 그러나 이 같은 합리주의적 자연관은 서양이 기독교 세계가 되면서 사라진다. 모든 인과관계는 '신의 의지'라는 신비하고 초 논리적인 것으로 설명되어지는 시대가 천 년 이상 지속된다.

'신' 없이도 다시 세상만물의 질서를 설명할 수 있게 되기까지는 갈릴레이, 뉴턴, 라이프니츠 등이 업적을 내는 17세기 과학혁명을 기다려야 했다. 이들은 지구가 우주의 중심이 아니라는 것을 밝혔고, 태양과 지구 사이에 작용하는 역학법칙과 사과가 땅에 떨어지는 역학법칙이 하나라는 것을 증명했다.

다시 '신'이라는 주관적인 세상에서 '수'라는 객관적인 세상으로 돌아온 것이다. 자연이 수학과 과학으로 설명 가능한 것이 되자 모든 것은 걷잡

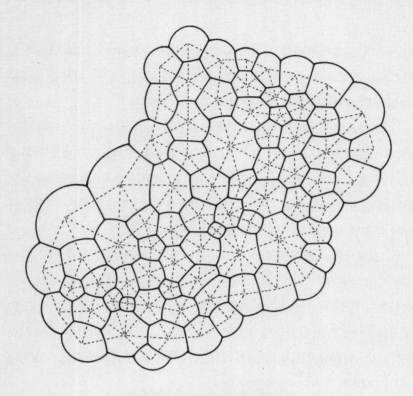

비눗방울들끼리 만나는 각도는 120도이다.

을 수없이 바뀐다. 과학적 발견은 공학과 기술을 발흥시켜 문명사회의 물적 토대를 만들고 철학이 신학을 대체함에 따라 인간은 주체가 되어 신적 질서의 정치지형을 뒤엎고 시민사회를 만든다.

예술은 더 이상 신에 대한 경배의 수단이 아닌 인간의 미적 쾌快를 위해 존재하는 것으로 바뀌며 자연의 법칙에 합목적적인 결과물이 미의 근원이라는 미학이 등장한다. 병은 신의 저주가 아닌 병원균에 의한 치료의 대상으로 변하고 역사와 사회현상까지 과학화한 철학자들은 가난과 불평등까지도 혁명에 의한 극복대상으로 여기게 된다.

건축에 과학혁명의 결과가 본격적으로 영향을 미치기 시작한 때는 이로부터 한 세기가 흐른 19세기부터다. 건축이 본디 사회적, 기술적, 미학적인 변화를 모두 수용하면서 발전하는 후위적인 분야이기 때문이다. 물론 18세기에도 불레, 르두, 뒤랑 같은 신고전주의 건축가들이 변화의 단초를 보여주기는 했으나 건축이 근본적인 성찰을 요구받게 된 것은 19세기에 이르러서였다. 철저히 합리주의 정신으로 무장한 엔지니어들이 건축의 영역으로 넘어오고 비올레 르 뒥 같은 구조합리주의자들의 비판과 고트프리트 젬퍼 같은 건축사학자들에 의해 건축 본질에 대한 연구가 쏟아진 19세기가 건축의 분기점이다.

합리주의자들은 절대적인 건축 전범이라는 것이 선험적으로 존재하는 것이 아니라 각 문제마다 가장 합리적인 각각의 답이 있음을 주장했다. 예컨대 파르테논 신전의 1.5배 크기의 은행 건물을 짓는다 하자. 고전주의자들은 확대 복사기에서 나온 도면 그대로 짓는 것이 옳다고 여기는 반면, 합리주의자들은 경간이 1.5배 늘었으니 보는 철재로 하고 이에 따라 각종 접합도 바뀌어야 한다고 본다. 지금은 당연시 여기는 후자의 입장이 당시에는 이단의 소리였다. 이런 합리주의자들의 주장은 과학적 세계관에 의한 주장인 동시에 과학에 의해 가능해진 주장이기도 하다.[21]

과학에 의해 가능해졌다? 이를 알기 위해서는 건축의 형태와 구조 사이에 있는 원칙이 과학에 의해 어떤 코페르니쿠스적 전환이 일어났는지를 이해해야 한다. 예를 하나 들자. 모래성을 높이 쌓다보면 어느 순간 무너진다. 구조가 형태를 더 이상 지지하지 못하기 때문이다. 아이러니컬한 것은 무너지고 나서야 최대 높이가 가능한 '형태, 구조'의 조합을 안다는 것이다.[22] 다시 쌓을 때는 무너지기 바로 직전의 형태, 구조 상태에서 멈출 것이다.

이러한 시행착오trial & error 방식이 과학에 의한 역학법칙이 등장하기 전까지 인류가 집짓는 방식이었다. 고딕 성당을 지으면 4개 중 하나가 무너졌다. 나무로 형틀을 짜고 돌을 얹어 궁륭을 만드는데, 완성 후 형틀을 제거할 때 결판이 나므로 사형수들을 투입했다고 한다.[23] 이런 식으로 수많은 돌

---

21 이 같은 차이 때문에 고전주의자들의 방식을 불투명(opaque)의 방식이라 하고 합리주의들의 방식을 투명한(tranparent) 방식이라고 분류하기도 한다.

22 탑을 쌓을수록 두꺼워지므로 강성도 증가하지만 자중도 증가한다. 임계점에 이른 이 둘의 조합이 최적의 설계(optimum design)이 된다.

23 아치 구조는 정수리 돌(crown)이 박힐 때까지는 불안정하므로 이를 목조 비계가 받쳐주어야 한다. 이 아치구조가 제대로 된 하중/강성의 조합인지는 비계를 빼내는 순간 드러난다. 중세 교회들은 서로 경쟁적으로 큰 성당을 지었는데 모험적인 시도와 실패, 재시도를 거쳐 점차 거대해진다.

연변이를 생산한 후 적자만이 살아남아 유전자를 전하는 방식은 생명 진화의 과정이기도 하다.

그런데 뉴턴을 비롯한 과학자들이 발견한 역학 법칙[24]은 더 이상 건축하면서 사람이 죽는 일이 생기지 않게 해주었다. 현장에 나가 실험할 것도 없이 원하는 공간과 그것을 구축하는 데 쓸 재료의 강도, 탄성계수 등의 숫자만 알면 책상 위에서 무너지지 않을 수 있는 기둥의 두께를 계산해낼 수 있게 된 것이다. 천지개벽이었다.

고전주의자들이 역사적 건축의 재현만을 주장한 것은 그것이 기능, 구조, 형태의 정합성을 가진 것으로 이미 증명된 것이었기 때문이다. 그러나 이제는 그럴 필요가 없어졌다. 새로운 공간을 원하고 새로운 재료가 나와도 그에 해당하는 새로운 정합성을 즉시 만들어낼 수 있기 때문이다. 이제 드디어 건축은 '전범'의 굴레에서 해방되어 '창조'의 영역으로 나오게 된 것이다.

미술과 마찬가지로 건축도 '창조'의 대상이 된 지 불과 백년을 갓 넘겼을 뿐이다. 근대 이후 이제 건축가들은 전범에 속박되는 대신 창조해야 한다는 강박에 시달린다. 이제 구축 불가능한 형태나 공간은 없다. 20세기 후반에 이르러서는 형태를 가상공간에서 빚자마자 실시간으로 구조계산 및 설계에 견적까지 가능한 컴퓨팅 기술 덕분에 건축가의 자유는 가히 무

---

24 $F=kx$: 힘을 가하면 탄성 계수에 비례에 변형이 생긴다. $F=fa$: 힘을 강도(strength)로 나누면 필요한 단면적을 얻는다.

한하다.[25]

　혹자는 이러한 무한한 자유가 오히려 건축의 가치를 호도하고 있다고 말하기도 한다. 동의할 수 있다. 기술에 의한 자유는 더 복잡해지고 난해해진 현대건축의 프로그램과 이를 해결하기 위해 필연적이면서도 질적으로 다른 공간을 구현하기 위해 쓰여야 하지 건축가의 형태유희를 위해 동원될 것은 아니라고 본다.

　다시 벌집으로 돌아가자. 자연에는 수없는 법칙이 존재한다. 벌의 지혜는 그것 중 하나가 드러난 것일 뿐이고 인간이 일군 그 많은 과학적 발견도 그중 일부가 베일을 벗은 것일 뿐이다. 뉴턴이 스스로를 너른 바닷가에서 조개껍질 하나 찾아 기뻐하는 어린이에 비유한 것처럼 세상에는 발견할 것이 아직 너무나 많을 것이다.

　창조는 육각형 벌집을 오각형으로 만드는 것이 아니다. 육각형의 지혜를 배워 더 강하고 더 얇은 깡통을 만드는 것이 창조이다. 이러한 의미에서 기하학은 건축의 고향이다. 자연의 일부인 인간이 자연의 힘을 이기며 자연의 재료로 스스로의 집을 짓는 방법은 이미 자연 안에 있을 터인즉 기하학이 그곳으로 이끄는 길이 될 것이기 때문이다.

　내가 카이네틱 댐으로 사회갈등을 해결할 단서를 만들고, 월드볼로 축구공의 구조를 가진 조형물을 만들고, 시티타워에서 최초의 역 오벨리스

25　컴퓨터는 여러 가지의 힘과 여러 조건의 구조모델이 만드는 다차 방정식을 빨리 풀어주는 역할을 할 뿐이고 원리는 여전히 동일하다.

크를 시도할 수 있었던 것은 내가 공학자와 건축가 '사이·영역'에 있었기 때문이다. 공학 안에 있는 엔지니어가 오랜 세월에 걸쳐 검증된 '공학적 상식'을 넘기란 거의 불가능하다. 능력이 없다기보다는 일종의 '자기검열'에 의해 구상 전 단계에서 멈추기 때문이다.

건축 안에만 거하는 사람도 마찬가지다. 근대건축의 기술은 건축가에게 구조로부터의 자유를 주는 대가로 구조에 대한 식견을 빼앗았다. 어떠한 임의적인 형태도 구현 가능하게 하는 현대 구조공학은 형태-구조의 '동시적이고 정합적인 실현'[26]이 필요없는 일이 되게 하였다. 그러다보니 역학이 형태를 규정하는 어떤 상태[27]에서 건축가들은 주도적인 역할에 제한을 받는다. 건축가'들도'가 아니라 건축가'야말로' 구조를 통달해야 한다고 나는 믿는다.

카이네틱 댐과 월드볼이 내게 각별한 의미가 있는 또 다른 이유는 이들이 '의뢰받지 않은 프로젝트'이기 때문이다. 이것들은 내가 제안을 했고 내가 실현을 책임진(질) 과업이다. 모름지기 건축가는 사회가 요구하는 '요구'를 읽어내야 할 책임마저 있다고 주장하는 나로서는 이 작업들이 그에 해당하는 매우 '브리콜라쥬'적인 프로젝트였기 때문이다.

---

26 동시적(synchronized)이라 함은 '구조=형태'를 아울러 고안한다는 의미이며, 정합적(consistent)이라는 뜻은 형태와 구조가 서로에게 필연적이라는 뜻이다.

27 예컨대 초고층, 장스팬을 비롯해서 비등방적인 기하체, 특수한 하중조건, 거동해야 하는 경우 등이 이러한 상태이다.

2

공간을 위한 기하학

Spatial Geometry

———

건축이 예술인 것은 단지 미적 쾌감을 선사하기 때문이 아니다.
미적 성취 뒤에 강한 비극이 존재하기 때문에 건축은 예술이다.
건축에게 '몸'이 있는 이상 무게가 따라다니고 '중력'이라는
사슬에 묶여 있게 된다. 반면 건축가는 끝없이 근원을 표현하는
완전기하학을 이루려 한다.
이 비극과 투쟁이 드러나지 않은 것은 행복한 건물이되
아직 예술로서의 건축은 아니다.

연세대 송도 캠퍼스 도서관:

큐브 Cube

보통 영화에서 큐브는 외계인과 연관되어서 나온다. "아주 오랜 옛날 지구에 큐브를 감추어 두었는데…" 〈트랜스포머〉, 〈어벤져스〉, 〈미이라〉 등 판타지 영화의 필수 소재이다. 큐브란 가장 원시적인 기하학이지만 자연 상태에서는 찾아지지 않는 문명의 표식이기 때문이다. 외계에도 문명이 있다면 큐브를 가장 근원적인 입체로 여길 것이라는 가정이 여기에 깔려 있다.

〈큐브〉라는 영화도 있다. 정육면체 방이 무한히 쌓인 공간에서 길을 찾는 과정에서 벌어지는 갈등을 통해 인간 본성을 성찰하게 하는 수작이었다. 이 영화는 공간이 인간의 삶을 어떻게 규정할 수 있는가를 보여준다는 측면에서 가장 고급한 건축영화이기도 하다. 이 영화에서 보듯이 정육면체의 특징은 동일성과 무한한 확장성이다. 동일하게 확장되는 것. 망망대해나 사막에서 경험하는 공포심을 발생시킨다. 전자의 영화들이 큐브의 자기완결적인 특성을 이용하고 있다면 〈큐브〉에서는 큐브가 집적될 때의 특성을 이용한다.

내가 연세대 송도 캠퍼스의 정중앙에 큐브를 놓기로 한 것은 큐브의 이 두 가지 특성을 모두 담으려는 의도였다. 뒤에서도 언급하겠지만 이 캠퍼스의 골격은 격자구조이다. 송도신도시의 그리드 패턴을 캠퍼스 안으로 그대로 연장시킨 것이다. 이 그리드 체계 한가운데 십자형으로 가로, 세로의 중앙 가로가 형성되는데 그 교차점에 중앙도서관을 두었다.

캠퍼스의 종횡 축에서 이 도서관은 유일한 시각적 종점이다. 따라서 가장 자기완결적인 입체인 정육면체가 들어서야 하는 것은 논리적인 귀결이기도 하다. 동시에 이 도서관은 캠퍼스 안의 많은 쿼드Quad: 사각형 공간 중의 하나인 아카데믹 쿼드의 한복판에 놓인 건물이기도 하다. 캠퍼스 안에서 수

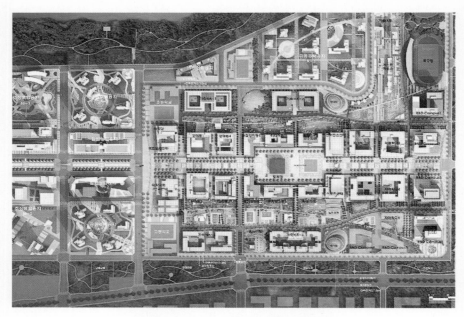

연세대 송도캠퍼스 마스터 플랜과 중앙도서관의 위치.

최초의 계획안 유리큐브.

없이 반복되는 쿼드의 생성지로서 그 쿼드들에게 질서를 부여하는 중심으로서의 역할을 아울러야 했다.

당초 캠퍼스 전체 마스터플랜을 짤 때부터 이 도서관의 건축 설계는 내 몫으로 떼어놓았다. 다른 부분은 조금씩 변하더라도 이 도서관의 큐브 형태는 절대로 지켜내야 할 의무감에서였다. 초기의 안은 말 그대로 유리 큐브였으며 평면까지도 중앙에 광정光井을 가지는 정사각형이었으나 설계과정에서 수많은 곡절 끝에 정육면체로 된 매스 이외에는 거의 변경이 이루어진다.

유리 큐브가 포기된 이유는 일사환경에 대한 우려 때문이다. 상징성만으로 전체가 유리로 된 건물을 짓기에는 유지비용 등을 내세우는 거센 반대를 거스를 논리가 없었다. 대칭형 평면을 포기한 것도 사용자 측의 주장 때문이다. 가운데가 비워지면 실들이 작게 나뉜다. 가급적 한 층의 면적이 넓어야 관리에 유리하다는 데 역시 굴복할 수밖에 없었다.

당초 큐브의 중앙을 비우고자 했던 의도 중 하나는 그 빈 공간을 서고로 하자는 것이었다. 지하 1층에서 6층까지 뚫린 그 공간에 서가를 만들어 '책의 탑'을 쌓겠다는 욕심이었다. 기능적인 이유 때문에 이 안은 채택되지 않았지만, 되었어도 그 서가를 채울 만큼의 책은 송도캠퍼스에 준비되지 않았을 것이다. '책의 탑'이 좌절된 이상 이를 대체할만한 새로운 상징성을 찾아야 했다.

새 캠퍼스 건설추진단과 도서관 소속의 교수, 직원들과 세계 도서관을 누비고 다녔다. OMA가 설계한 시애틀의 도서관 등이 새로운 시대 도서관의 전망을 보여주기는 했지만 큐브 안에서 이룰 수 있는 개념은 아니었다. 그러던 어느 날 뉴욕에서였다. 링컨센터 앞의 반스앤노블 서점에서 책을 보고 나오는 길에 줄리어드 스쿨 건물 중 못 보던 것이 눈에 잡혔다.

딜러 스코피디오+렌프로Diller Scofidio + Renfro가 설계한 앨리스 털리 홀 Alice Tully Hall의 증축분인 것은 나중에 알았다. 예각의 대지 모서리에서 돌의 벽과 유리의 벽이 날카롭게 만나고 있었다. 보행자들에 1층을 내주기 위해 저층부는 접혀 들어가 있고 판들이 그 사이로 떠다녔다. 그 자리에서 유리 큐브 안에 사선으로 접힌 판의 스케치가 그려졌다.

도서관은 기본적으로 책의 집이다. 도서관의 어원인 고대 그리스 말의 βιβλιοθήκη (bibliothēkē) 자체가 책의 방이라는 뜻이다. 왕의 책방, 수도원의 책방을 거쳐 시민들의 책방인 공공 도서관으로 발전해 왔지만 도서관의 주인은 책이며 사람들은 열람을 위해 찾아온 손님의 위치라는 사실은 변하지 않았다.

따라서 도서관의 방도 사회과학 열람실, 공학 열람실식으로 듀이 십진법을 이용한 학문 분류법에 기대어 변모되어 왔다. 그러나 이 시대에 그 방식은 더 이상 유효하지 않다. 우선 학문의 분류 자체가 의미가 없어졌다. 학제적인 학문을 넘어 이제는 통합인지 통섭인지의 시대가 왔다고들 한다. 예컨대 나는 지금 건축에 대한 얘기를 쓰고 있지만, 참고문헌들 가운데 건축에 관한 책은 반도 채 되지 않는다.

다른 하나의 큰 이유는 책의 정보가 이제는 디지털 정보로 바뀌었고 책이 아닌 수많은 미디어가 책을 대신하고 있다는 점이다. 이렇게 될 때 인터페이스는 더 이상 서고나 서가가 아니다. 심하게 말해 전통적인 도서관은 고서 박물관이 되어야 옳고 새 도서관은 각자의 책상이나 기숙사에 있는 컴퓨터로 옮겨져야 한다. 이렇게 사람이 책을 더 이상 찾아다니지 않아도 정보가 사람을 찾아오는 세상에서 도서관이란 도대체 무엇인가? 정답은 '놀이터'였다.

연세대 정보학술원(도서관) 부원장의 "자더라도 도서관에서 자면 덜

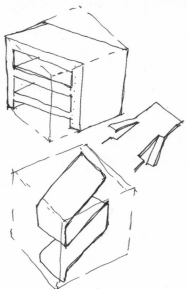

위_딜러 스코피디오+렌프로, 앨리스 털리 홀.
아래_앨리스 털리 홀의 구성: 유리큐브 안에 사선으로 접힌 판.

불안하지."라는 말에서 내가 얻은 깨달음이다. 그렇다. 이 시대의 도서관은 책을 알현하러 가는 엄숙한 장소가 아니라 친구끼리 만나서 게임도 하고 인터넷으로 쇼핑도 하다가 공부와 세미나도 하고 때로 자기도 하는, 말 그대로 '죽치는 장소'여야 했던 것이다.

시애틀 도서관은 이 개념을 아예 형태 발생의 모티브로 쓴다. 다섯 개의 고정적인 기능을 담는 육면체 박스를 공중에 엇갈리게 배치한 후 그것을 유리 표피로 감싼다. 박스들 사이 공간은 서로 흘러 다니면서 독서, 검색, 휴식, 미디어 관람, 전시 등의 수많은 행위들을 담는 공간이 된다. 전통적인 방들로 구획된 도서관의 개념을 해체하는 작품이다.

내가 제안한 개념도 이 틀을 따르고 있다. 양측 코아를 연결하는 브리지를 만들고 그 안에 정숙을 요하는 열람실과 미디어 룸을 집어넣는다. 그 브리지 사이를 판이 지나가는데 이것은 긴 판을 절곡한 것이다. 이렇게 하여 닫힌 방과 열린 판의 중첩된 구조가 만들어지며 유리 큐브가 이를 덮게 된다. 본래적인 책의 공간은 닫힌 공간 안에 들어가고 나머지 모든 행위는 열린 공간에서 이루어지게 한다.

브리지는 사선으로 건너지르게 만들었다. 자연 채광이 가능하도록 폭에 제한을 두되 직각으로 하지 않은 이유는 최대의 면적을 얻기 위함이 하나이고 뚫린 공간에서의 일상적이지 않은 공간감을 얻기 위함이 그 둘이다. 판이 절곡되었다는 것이 드러나도록 앞, 뒷면으로 연장되는 수직 판의 마감은 폐쇄적이어야 했다. 석재에 글자를 새겨 이 벽을 만들려는 시도 또한 고루한 이사진들에 의해 좌절된다.

세상에서 가장 대하기 어려운 클라이언트가 학교, 교회, 병원이다. 아는 것도 많고 본 것도 많은데 입도 많다. 초기의 건축 개념은 하나씩 바뀌어

완성된 연세대 송도캠퍼스, 도서관.

도서관 4층, 열린 열람실.

공간을 위한 기하학
Spatial Geometry

가고 큐브라는 개념 하나 지킬 수 있었다. 한때 건축가 노릇도 했던 철학자 비트겐슈타인은 '건축은 대화'라고 말한다. 독백이 아니라 대화라는 뜻은 수 많은 요구에 의해 새로운 '구조'가 탄생하는 것. 그것이 건축의 본질이라는 뜻이겠다. 이 프로젝트보다 그의 말을 절감한 일은 거의 없다.

영주 박물관 & 김씨 공방:
튜브 Tube

종이로도 사람을 때릴 수 있다. 재치 문답이 아니다. 어떻게 하면 되는가? 건축과 학생들조차도 의외로 대답을 못한다. 답은 "돌돌 말아 몽둥이를 만들면 된다."이다. "에이!" 한다면 하나 더 물어본다. 도대체 같은 재료인데 무엇이 달라진 것이지? 이쯤 되면 맞추는 학생은 거의 없어진다. "모양이 달라졌어요."하면 30점, "단면이 달라졌어요."하면 70점, 강성이 달라졌다고 하면 100점이다.

재료의 세고 무른 성질을 나타내는 강도強度: strength와 부재의 기하학적 성질에 의해 단단해지는 정도를 나타내는 강성剛性: stiffness은 전혀 다른 척도이다. 강도는 나무, 돌, 철 등 재료에 따라 고유한 값을 가진다. 반면 강성은 그냥 들고 있는 처진 종이와 둘둘 말아 쥔 종이가 전혀 다른 값을 보인다.

전문 용어로는 단면2차모멘트[01]값이 다르다고 표현하는데, 쉽게 말하면 부재의 단면에서 중심축으로부터 먼 곳에 면적이 많이 있을수록 강성은 증가한다고 보면 된다. 그냥 들고 있는 종이에서는 중심축에 종이의 단면적 전체가 붙어 있지만, 돌돌 말아 단면을 원형으로 만들면 중심축에서 반지름만큼 떨어져 있는 곳에 종이의 단면적이 분포하게 된다.

보는 바로 이 원리를 이용한 부재이다. 보의 춤이 클수록 단단한(강성이 높은) 이유는 중심축에서 먼 곳에 면적이 가 있기 때문이다. 양단이 기둥에 의해 지탱되고 가운데가 허공에 떠 있는 보는 아래로 처지려 할 것이므

---

01 geometrical moment of inertia: 어떤 축에 대해 단면 각 부분의 미분된 면적과 축과의 거리제곱을 곱한 값의 적분 값. 휨모멘트에 저항하는 정도를 나타내기 위해 쓰임.

로 윗단에는 압축력이, 밑단에는 인장력이 생긴다. 위, 아래 단에 철근을 심어놓은 것이 철근콘크리트 보이고 각각에 두꺼운 철판을 놓고 얇은 철판으로 연결시킨 것이 H형강 보이다.

두 기둥 사이에 튜브를 올려놓으면 이것도 보의 역할을 한다. 위판이 압축력을 받아주고 아래판은 인장력을 받는다. H 형강과 같은 원리인데 연결판만 좌우 두 개인 것이 다르다. 그러므로 튜브를 사용하면 훌륭한 건축공간이 만들어지는 동시에 구조적인 문제도 해결하는 일석이조의 효과를 볼 수 있다.

초고층 건물에도 이 튜브구조가 쓰인다는 것은 많이 알려진 상식이다. 바람에 대해서는 타워가 캔틸레버 보가 되기 때문에 건물의 외피를 튜브로 만들면 아주 효율이 뛰어난 내풍구조가 된다. 한강에 놓인 철교들도 다 튜브구조이다. 판이 아니라 트러스로 되어 있어서 정체가 잘 드러나지는 않지만 교각 사이에 놓인 구조를 입체적으로 잘 살피면 튜브구나라고 끄덕일 것이다.

영주시에 무섬지리라는 아름다운 전통 마을이 있다. 이 마을을 하회마을 못지않은 관광지로 조성하는 계획의 일환으로 박물관이 구상되었다. 대지는 무섬지리 마을로 우회하여 가는 길 중간의 언덕배기에 위치했다. 밑으로는 길을 그대로 보존하고 그 위에 정자 같은 건물을 띄우면 좋겠다고 생각했다. 튜브 세 개를 쓰되 둘은 받침대로 쓰고 큰 튜브 하나가 공중을 가로지르는 단순한 구성이 그려졌다.

튜브의 옆면은 위, 아래 판의 연결재 노릇만 하면 되므로 비교적 자유롭게 구멍을 낼 수가 있다. 트러스의 사재斜材가 보이도록 음각처리를 하고 그 가운데는 직사각형의 창을 냈다. 전체적으로 그래디에이션이 생기게 한 것은 휨모멘트의 분포를 시각화하려는 시도이다.

영주박물관 투시도.

공간을 위한 기하학
Spatial Geometry

김씨 공방의 작업실 투시도

전통적인 정자는 뼈대와 지붕으로만 되어 있는 구조미를 보여준다. 여기서도 튜브가 구조 역할만 담당하고 내부 공간의 외피는 그 안에서 별도의 켜로 만들었다. 다목적으로 쓰일 박물관 겸 전시장이 상황에 따라 유연성을 유지하면서도 외부의 질서를 온전히 지키기 위한 전략이다.

헤이리에 들어선 목공 작업실 겸 주택인 김씨 공방의 주인은 경제학 교수를 일찍이 접고 17세기 미국 고가구를 만드는 목수이다. 산업혁명 직전 기계화되지 않은 방법으로 만드는 마지막 가구란다. 미국 특유의 실용성과 절제된 장식을 보여주는 가구였다. 김 목수에게 가구 만들기는 호구지책도 아니지만 그렇다고 취미생활도 아닌 그 무엇이었는데, 굳이 표현하자면 노동과 삶이 일체화된 이 시대에 흔치않은 소외되지 않은 결합이라고나 할까.

그는 아침 햇살이 들어오는 창가에서 나무를 매만질 때가 가장 행복하다고 했다. 혼자 일하고 혼자 사는 그에게 이 집은 자연에게는 열려 있되 나머지 모든 것에는 닫혀 있는 공간이어야 했다.

어린 시절 하굣길에 공사를 위해 길가에 쌓아놓은 하수관에 들어가 친한 여자애와 노닥거렸던 기억이 난다. 뽀얗게 앉은 먼지는 칠판이 되었다. 옆으로는 터져 있지만 아이 둘이 들어가 앉기에 적당히 좁았던 이 튜브는 번잡한 도시 속에서 우리의 은신처가 되었다. 김 목수에게도 역시 튜브가 제격이었다. 창은 건물의 앞뒤로만 있다. 한쪽은 계단실이고 나머지 한쪽은 손 작업공간과 책상이 놓이는 공간 쪽이다. 나머지 기계들의 공간과 살림살이 공간은 모두 튜브 깊숙한 곳에 자리 잡는다.

건축하는 사람들은 창을 습관적으로 뚫는다. 방에는 햇볕이 들어와야 하고 통풍이 되어야 하니 당연하다는 듯이 만들기도 하지만 입면의 지루함을 면해보고자 일종의 그래픽으로도 만든다. 그러면서 '공간'^{2}이 없어진다. 문과 수다스런 창에 의해 오려진 벽으로는 '공간'이 만들어지는 것이 아니라 '구획'이 만들어질 뿐이다.

'공간'에서 내적 침잠을 경험하지 않는 사람들은 혼자 무엇을 하는 법을 모른다. 늘 사람들과 소통해야 한다는 강박에 시달리고 스마트폰의 세상에서 자기가 '따' 당하고 있지는 않는지 늘 불안하다. 이 도시에는 '공간'이 없다. 온통 쇼윈도와 속살 드러낸 구획뿐이다. 이런 부박한 도시에서 공간은 부동산으로 읽히고 문화는 마케팅용 수단으로 전락하는 것은 어쩜 당연한 일이다.

김 목수가 만드는 가구는 제법 비싼 값에 팔리지만 그는 많이 만들거나 자신을 알릴 생각이 전혀 없다. 자신이 사랑하는 수작업이 훼손될 우려 때문이다. 내가 닫힌 공간을 내밀었을 때 그가 군말 없이 받아들인 것은 그가 노동이란 대가를 얻기 위한 것이 아니라 자기 자신을 위한 수행임을 깨달은 자이기 때문이라고 생각한다. 닫힌 공간은 닫힌 사람을 만드는 것이 아니라 깊은 인간을 만든다.

---

02   루이스 칸 식으로 말하자면 '방'(room)이다.

밀라노엑스포 한국관:

막 Membrane

왜 생명체에는 직선이 없을까? 피라미드나 큐브, 고속도로 같은 인공물은 직선 구간을 가진다. 물건의 외부에 조형의지가 존재하며 외부에서 깎거나 쌓는 조형 작용이 가해지기에 가능한 것이다. 반면 풀잎, 돌고래, 인체 등의 유기체에는 직선 구간을 찾을 수 없다. 조형의지와 조형 작용 모두 내부에 있기 때문이다.

피그말리온이 자신이 깎은 조각과 사랑에 빠져 사람으로 변하게 하여 아내로 취했다는 신화나 여호와가 흙으로 사람을 빚으시고 코에 생기를 불어넣어 생령이 되게 했다는 성서의 진술은 '발생학적으로 오류'이다. 유기체의 발생은 분자 차원에서는 세포분열에 의해 증식되어 일어나는 것이고 원자 차원에서는 탄소원자에 다른 원자들이 각양각색으로 결합되고 복제되면서 일어나는 것이다.[3] 요컨대 곡선은 자연 원리의 드러남이고 직선은 인간 이성의 산물이자 인간 노동의 결과이다.

건축은 인간이 만든 물건 중에 가장 큰 인공물 중 하나였을 것이다. 자연과 신을 두려워했던 고대 사회에서 이 인공물이 혹여 신의 노여움의 대상이 되지나 않을까 염려했으리라는 것은 충분히 짐작할 수 있다. 건축의 각 요소에 자연의 여러 모티프를 차용한 것이 이러한 '인공의 은폐'를 위한 전략이었다고 주장하는 학자들도 있다.

그 정도까지는 아니더라도 미적 충족을 위한 장식을 함에 있어 자연

---

03 탄소원자는 원자가전자가 4여서 다른 원자와 다양한 조합이 가능하므로 생명체의 기본 원자가 된다.

자연에서 차용한 패턴으로 장식화한 서양고전건축의 주두,
동양건축의 공포 역시 마찬가지다.

프랭크 게리의 표면은 철판들의 조립임에도 하나의 주형(monocoque)으로 보이고자 한다.

에서 가져온 여러 문양과 요소를 이용하는 것은 좀 더 효과가 있어서였다고 볼 수도 있다. 어쨌든 자연에서 가져온 곡선의 요소와 여러 패턴을 사용하여 건축의 직선성을 은폐하려는 시도는 동서를 막론하고 공통적으로 발견된다. 서양에서는 각종 오더와 릴리프로, 동양에서는 처마의 곡선, 가구 접합부의 장식화로 발전된다.

그런데 이 곡선 부재의 문제는 엄청난 수공예적 노동을 요한다는 점이다. 근대건축이 곡선 장식을 배제하고 추상 기하학으로 조형을 완성하고자 한 것은 새로운 시대의 미학이 인간의 이성과 합리성에 대한 신뢰를 나타내는 것이어야 한다는 점도 있었지만 시대적 요구인 대량생산이 가능한 공업화된 건축을 위해서는 장인들의 수공이 요구되는 장식은 배제되어야만 했기 때문이다. 이리하여 20세기는 직선건축의 시대였다. 직선화된 건축은 부품의 표준화도 쉽고 조립의 공정도 간단하기 때문에 시공과정도 쉽고 경제적이다.

20세기 후반이 되자 컴퓨터의 도움으로 다소 어려운 곡선건축 부재도 공업적 생산이 가능해진다. 소위 파라메트릭 기법이다. 옛날에는 오로지 장인의 감각과 손재주에 의해서만 가능해진 곡선이 이제는 미분방정식에 의해 그려지고 수치제어 공작기계[4]에 의해 부품이 절삭되거나 절곡, 압출된다. 2차원 도면으로는 도저히 표현할 수 없었던 3차원 곡률을 가진 도형들도 컴퓨터의 가상공간 안에서 설계되고 제작된다. 프랭크 게리나 자하 하디드의 건축이 이 방법으로 지어지는 대표적 사례이다. 그러나 이들의 건축에는 근본적인 건축적 모순이 숨어 있다.

---

04 Numerical Control Machine: 컴퓨터에서 3차원 물체에 대한 표면 좌표들을 디지털 값으로 주면 기계가 자동적으로 이 수치에 의해 재료를 절삭해서 제작한다.

건축은 조각과는 달리 근본적으로 조립의 예술이다. 내부를 사용할 필요가 없는 조각은 괴(塊)를 깎아서 형태를 만드는 조각법이든 틀에 반죽을 넣어 굳히는 소조법이든 일체형으로 생산되는 반면, 내부 공간을 얻어야 하는 건축에서는 암굴을 뚫는 것이 아닌 이상 부재를 삼차원적으로 조립해야 한다. 따라서 조각품 같은 건축은 존재할 수 있어도 조각혹은 소조하는 건축이란 형용모순이다.

그럼에도 게리나 하디드는 이 본질을 은폐하려 애쓰는 것 같다. 그들의 작업들을 보면 분명히 조립한 표피임에도 조각하여 얻은 표면인 것처럼 이음매를 은폐시키려는 시도들이 엿보인다. 예컨대 하디드의 DDP에는 하나도 같은 것이 없는 4만 5,133장의 외장 판넬을 썼다고 쓸데없는 자랑을 하는데 이는 오로지 조각품 같이 매끈하고 이음매가 잘 보이지 않게 하려는 목적으로만 들인 수고이다. 당초 사업비 800억이 4,860억이 되었다.

톨스타인 베블렌의 『유한계급론』을 보면 부를 과시하기 위해 강아지 전용 미용사를 두고 100달러 지폐로 시가를 말아 피는 '도둑남작'들이 소개된다. 게리와 하디드는 실용적이지 않은 곳에 돈을 마구 쓸 수 있음을 보여 줌으로써 부를 과시하려는 21세기 도둑남작들을 위해 '조각품 같은 건축'을 보여주고 있다.

게리의 빌바오 미술관은 굳이 그러한 모양이려면 절곡한 철판들을 이어 붙일 것이 아니라 그러한 모양의 형틀을 짠 후 쇳물을 부어 만들었어야 옳다. 구겐하임이 돈은 많지만 그 정도는 아니었나 보다. 하디드도 유동적인 양괴감을 얻기 위해서라면 판넬로 외피를 만들 것이 아니라 노출콘크리트로 했어야 맞다. 건축의 형태는 볼 줄 아는데 구축적 본질과의 정합성은 보지 못하는 봉을 만난 김에 슬쩍 넘어간 것 같다.

대지는 L자 형으로 좁고 길다. 두 개의 구를 하나의 피막이 감싸 안는다. 밀라노엑스포 한국관.

올해 초에 설계한 밀라노엑스포 한국관 계획안은 이러한 고민을 담은 작업이다. 건축 개념 작업을 거쳐 두 개의 구를 감싸는 두 개의 막을 만들어야 했다. 하나의 막은 평면이므로 문제가 되지 않으나 구의 곡면을 따라 형성될 막이 문제였다. 답은 유리로 된 기와였다. 기와는 한 장 한 장이 다 같지만 그것이 쌓여지는 바탕 면에 의해 평면도 되고 3차원 곡률을 가진 곡면도 된다. 각각이 가진 픽셀pixel의 효과 때문이다. 방수는 내부 구 표면에서 처리되므로 이 막은 시각적인 스크린 역할만 하면 된다. 따라서 이음매들은 서로 벌어져 있어도 상관이 없다. 표준화된 부품을 쓰기에 공기와 공사비를 절감시키고 바람이 통해 환경적으로는 더 우수하다.

역대 엑스포 한국관의 한국성 표현은 늘 즉물적인 것이었다. 기와지붕, 태극문양, 장독대, 한글, 목구조, 조각보 등이 그것이다. 밀라노 엑스포의 주제는 "Feeding the Planet, Energy for Life" 즉 인류 미래 식량문제의 해결과 지속가능한 먹거리에 대한 고민이었다. 나는 한국 고유의 먹거리나 조리법 따위를 다루지 말고 우리 전통에 스며 있는 공생Symbiosis의 지혜에서 단서를 찾자고 했다.

인간과 자연, 도시와 농촌, 인간과 인간 사이의 공생 법을 주제로 전시 작업이 진행되는 한편 이를 건축으로 표현하는 것이 과제가 되었다. 모든 식량과 에너지의 근원인 태양과 모든 생명체가 더불어 살아야 하는 지구를 상징하는 두 개의 구를 우리나라 특유의 모시 천 같은 막으로 둘러 안는 안이 만들어졌다.

이 막을 구성하는 단위 재료인 유리기와는 두 가지 의미를 가진다. 기와라는 전통적인 건축 재료를 미래지향적인 폴리카보네이트로 만듦으로써 전통과 미래의 공생을 상징하겠다는 뜻이 그 하나이다. 또한 광장 측의 평면 기와 쌓기는 서양의 기법이고 반대편 쪽에는 동양적인 곡면 기와 쌓기를 함으로써 동서양의 공생 또한 상징하고자 했다. 건축과 전시, 영상, 운영에 대해 총괄적인 평가를 하기 때문에 세부 점수는 모르겠지만 당선되지 못했다.

중력과 강성과의 투쟁

지구를 비롯한 항성과 행성은 구이다. 구는 앞뒤, 좌우, 상하가 합동이면서 대칭이다. 즉 데카르트 좌표계의 x, y, z 축으로 모두 대칭이라는 뜻이다. 왜 그럴까? 우주 공간에서는 자기 중력에 의해 응축되는 힘이 다른 힘들에 비해 훨씬 크기 때문이다. 중력이 거의 역할을 하지 못하는 세계에서도 구는 찾을 수 있다. 수압과 부력이 지배적인 액체 속에 존재하는 알이나 세균, 전자기력이 지배하는 원자 단위의 형태는 구이다.

반면 지구상의 사물들은 지구의 중력이 가장 우월한 힘이기 때문에 상하로는 대칭일 수 없다. 꽃이나 피라미드는 앞뒤(x축), 좌우(y축)로는 합동이면서 대칭이고 파르테논 신전이나 경회루 같은 건물은 x축과 y축으로 각각 대칭이되 합동은 아니다. 사람이나 물고기 같이 움직이는 동물들은 방향성 있는 운동을 해야 하므로 오직 좌우로만 대칭이다.

이렇게 세상의 만물은 자신의 질량과 외력과의 관계 속에서 형태가 결정된다. 가장 무거운 중량물인 건축에서는 말할 것도 없다. 역사상 모든 건축의 형태는 중력과의 투쟁의 결과이다. 쇼펜하우어의 말이다. "중력과 강성의 싸움Kampf zwischen Schwere und Starrheit이야말로 건축의 유일한 미적 소재이며, 또 이것을 다양한 방법으로 완전하고 명확하게 나타내는 것이 그 과제이다."

그런데 무엇을 얻기 위한 투쟁인가가 중요하다. 바로 빈 공간space을 얻기 위함이다. 비어 있음void을 위하여 질량을 가지고 있는 질료solid를 구축하는 싸움. 이것이 시지푸스처럼 영원히 궁극을 얻지 못하는 건축의 부조리한 숙명이다.

플라톤이 건축을 철학에 비유한 것은 철학이 논리를 구축함으로써 지식의 토대인 이데아를 드러내듯이 건축은 무너지지 않는 구조를 구축함으로써 자신의 설계를 드러낸다고 보았기 때문이다. 그러나 그는 현실 건축가는 경멸한다. 현실 속에서 건축물은 여러 가지 타협에 의해 순수한 관념의 표현이 될 수가 없다는 것이다. 플라톤이 말하는 관념을 손상시키는 현실적인 여러 타협 중 가장 대표적인 것이 중력의 문제이다.

로마시대의 판테온을 예로 들어보자. 이 건축의 이상(이데아)은 내부에 천구天球를 상징하는 돔을 만드는 것이다. 그러나 단면과 입면을 비교해 보면 외부에서는 반원형 돔이 읽히지를 않는다. 돔의 중량에 의해 바깥으로 터져나가려는 힘추력을 막으려면 구의 적도선 상부에 무거운 중량을 추가해야 했기 때문이다. 이같이 이상적인 기하학을 구현하고자 해도 지구의 중력

과 지구의 재료를 쓰는 이상 그것은 불가능하다.[5]

내부에 공간을 만드는 것이 목적이 아니라면 순수기하학이 불가능한 것만은 아니다. 피라미드가 대표적이다. 그러나 왕의 무덤 공간만 가지고 있는 돌무더기 피라미드를 보고 건축이라고 하지는 않는다. 순수 기하학은 관념의 공간에서만 존재하는 것이며 이 세상에 존재하는 모든 공간은 그것의 소외된 상태이다. 그래서 쇼펜하우어가 말하는 투쟁이란 피안의 세계에 존재하는 순수 기하학의 공간을 차안에 지으려 함에 있어 필연적으로 일어나는 형태와 구조와의 투쟁을 일컫는 말이다. 그리고 건축가란 이 승산 없는 싸움을 숙명으로 알고 계속하여 덤비는 시지푸스 같은 자들이다.

판테온에서 실현하려 했던 기하학적 이상주의가 1700년이 지나 프랑스에서 다시 나타나는 것은 흥미로운 일이다. 18세기말 프랑스를 중심으로 건축에서도 신고전주의의 경향이 나타나기 시작한다. 장식에만 치우쳐 가는 후기 바로크와 로코코에 대한 반발심과 18세기 중반에 이루어진 폼페이와 헤라클레네움, 파에스툼 등의 고대건축의 발굴과 그리스 문화의 재발견 등이 계기였다.

고고학적 정확성을 중시하며 합리주의적 미학에 바탕을 둔 신고전주의 건축은 18세기 계몽주의와 시민혁명과 궤를 같이하는, 건축에 있어서의

---

05 판테온의 내부는 반구가 있지만 외부에는 드럼(drum)만이 보인다. 세인트 폴 성당의 입면의 돔은 내부의 구조적 돔과는 별개의 장식용 돔이다. 시드니 오페라하우스의 설계자 요른 웃존은 형태인 쉘이 바로 구조이기를 원했으나 현실적으로 불가능하게 되자 자리를 사임한다. 이처럼 구조와 형태의 본래적인 어긋남을 '정직한 구조의 모순'(Honest Structure Dilemma)이라고 한다.

판테온 단면도, 1세기경.

불레의 뉴턴 기념관.

히틀러와 슈페어가 함께 계획한 인민궁전(Volkshalle) 내부, 1925.

근대의 맹아이다. 이들 중 거개는 그리스, 로마의 건축을 규범으로 삼아 양식적 복원과 모방을 충실하게 수행했다. 로마를 숭배했던 나폴레옹과 훗날 히틀러가 이 신고전주의 양식의 예찬론자가 된 것은 당연한 일이다.

그러나 이중에는 불레와 르두, 길리처럼 고전주의 오더를 베끼는 대신 고대건축의 거대한 스케일을 순수 기하학과 결합하여 단순하면서도 기념비적인 건축을 추구했던 건축가들도 있다. 불레의 뉴턴기념관(1784)은 지름 150미터의 구를 품고 있는 건축물이다. 당시의 기술로 구현할 수 있었는지 의문이기도 한 이 건축은 그의 다른 계획안처럼 도면으로만 남아 있다. 정확하게 판테온의 완성판이다. 실용성과는 아예 거리가 먼 이 계획안은 기하학이 가지는 절대적인 근원성을 표현함으로써 모든 것을 근원부터 다시 시작해야 한다는 1789년 혁명정신을 담아내는 건축적인 선언문이기도 했다.

판테온은 150년 후 독일에서 다시 재현된다. 히틀러의 지시를 받은 건축가 슈페어에 의해 설계된 인민궁전Volkshalle이 그것이다. 지름 250미터 높이 290미터의 돔을 가진 이 공간 안에서 히틀러는 1만 8,000명의 청중에게 연설을 할 셈이었다. 이미 신고전주의자 쉥켈에 의해 그리스 양식으로 탈바꿈해 있었던 베를린을 히틀러는 제국의 수도 게르마니아로 바꾸기 위해 대대적인 도시 개조계획을 수립하던 참이었다. 이 궁전이 그 계획의 핵이었다. 2차 세계대전이 발발해 계획은 멈추었지만 건축가 지망생 히틀러의 건축에 대한 열망을 볼 뻔했던 사례이다.

이같이 건축에서의 순수 기하학은 그것을 사용하는 자가 누구인가를 떠나 인간 감정의 기저에 있는 근원성을 깨운다. 공간의 더 이상 환원될 수 없는 뿌리가 순수 입방체이기 때문이다. 그래서 신고전주의 건축뿐 아니라 근대 건축의 거장들도 건축 혁명을 근원적인 입방체 만들기로부터 시작했던 것이다. 코르뷔지에의 백색 큐브, 미스의 장식 없는 유리입방체 타워, 칸의 육면체의 방. 모두 근원부터 다시 보자는 선언이다.

그렇기에 일견 건축의 형태를 만들 수 있는 거의 모든 수단이 나와 있는 듯한 이 시대에도 순수 기하로 회귀하자는 주장은 여전히 유효하다. 왜냐하면 기술과 재료가 아무리 발전해도 관념 공간의 기하학과 현실 공간의 건축 사이에는 숙명적인 어긋남이 존재하기 때문이다. 그리고 건축은 죽을 때까지 그 간극을 좁혀 보려는 애절한 몸짓에 다름 아니기 때문이다.

건축이 예술인 것은 단지 미적 쾌감을 선사하기 때문이 아니다. 그게 다라면 이 세상의 모든 성공한 디자인들이 모두 예술의 지위를 얻어야 할 것이다. 미적 성취 뒤에 강한 비극이 존재하기 때문에 건축은 예술이다. 그리고 그 비극은 다름 아니라 자연과 인간의 본원적인 불화에 의해 생성되는 드라마이다. 건축에게 '몸'이 있는 이상 무게가 따라다니고 '중력'이라는 사슬에 묶여 있게 된다. 반면 건축가는 끝없이 근원을 표현하는 완전기하학을 이루려한다.

모든 예술이 그러하듯 건축의 비극성도 운명적인 이 갈등에서 발원한다. 그러므로 이 비극과 투쟁이 드러나지 않은 것은 행복한 건물이되 아직 예술로서의 건축은 아니다.

3

구조의 장식성
Structural Expression

———

'미' 자체는 절대주의자들의 믿음처럼
시간을 타지 않는 불변의 것이다.
그러나 그것의 현현은 시대적이다.
왜냐하면 '미'에 육체를 부여하는
공간, 형태와 구조, 기술이 시대적이기 때문이다.

신사동 주택:

텍토닉 Tectonic

철골이 구조재로는 환영을 받지만 건축의 최종 마감재로는 채택되지 못하는 까닭은 근본적으로 선형부재이기 때문이다. 콘크리트, 석재, 벽돌 등에 의해 만들 수 있는 벽은 목재나 철골재에 의해서는 불가능하다. 따라서 선형 목재timber나 선형 철재에 의해 건축을 하는 방법은 이 부재들을 입체적으로 조립하여 3차원적인 매트릭스를 짜는 방법이 되며, 이 방식을 고트프리트 젬퍼는 '텍토닉'이라고 칭했다.

목구조로 건축을 축조하는 기법은 아주 오랜 세월에 걸쳐 발전, 계승되었고 우리나라를 비롯한 동양에서는 최근까지도 가장 대표적인 건축술로 자리잡아왔다. 목재로 주요 구조부를 구성한 후에 창호나 기타 충진재로 구조체 사이를 채워 외벽을 구성하고 지붕은 흙과 기와로 잇는 것이 이 축조술의 대강이다.

서양에서도 당초에는 목구조로 시작하였으나 점차 불과 부식에 강한 석재로 대체되는데 여전히 목조건축의 축조술의 흔적이 남아 장식적 요소로 기능한다. 로마 시대 이후로는 그리스 건축 식의 기둥-보 시스템과 더불어 아치 방식이 추가되었고, 이후 산업혁명 때까지 서양 건축의 기본적인 건축술이 된다.

철이 건축재로 등장한 이후 이를 즐겨 쓴 이들은 건축가들이 아니라 엔지니어들이었다. 도시에 속속 들어서는 중층 규모의 상업용 건물과 대규모 공간을 요하는 철도 역사들에 철재가 사용되어 효율성을 뽐내는 동안 건축가들은 철의 미적 가능성에 여전히 회의적이었다. 이는 돌에 비해 수십 배 이상의 강도를 가진 철로 부재를 만들면 세장細長해져서 건축미의 핵심인 비례가 상실되기 때문이다.[1] 그래서 고전적인 여러 몰딩과 장식을 가진 주철 기둥 정도에서 그치는 경우가 대부분이었다.

철구조가 건축에 적극적으로 사용되기 시작한 것은 19세기 말 미국에서이다. 1871년 시카고의 대화재 이후 들어서기 시작한 고층건물들이 다투어 철재로 골조를 만들어 등장하기 시작하는데 여전히 외벽 마감재는 석재이고 창들은 수직으로 길게 뚫리는 방식이었으며 고전건축의 3분법주초, 주신, 페디먼트을 차용해 전체 높이를 3분하여 구성하는 식이었다.

이 과정에서 루이스 설리반에 의해 설계된 카슨 피리 스콧 백화점 같이 철골부재의 모듈에 맞추어 개구부를 두어 가로로 긴 창을 가진 획기적인 고층건축이 등장하기는 하지만, 진정으로 철골건축다운 마천루의 등장은 미스 반 데어 로에의 등장을 기다려야 했다.

1951년 시카고 레이크쇼어 가에 세워진 26층짜리 아파트는 철골과 유리로만 지어진 건축의 추상미학 시대 도래를 선전포고한다. 강철골조에서 내민 캔틸레버 슬라브에 의해 바닥에서 천정까지 완전히 유리인 외벽이 탄생한다. 소방규정 때문에 기둥을 노출시키지 못하는 대신 유리 스킨에 I형강을 붙여 철골건축임을 선언하고 있다.

이후 뉴욕의 시그램 빌딩을 거쳐 강철골조와 유리커튼월의 구법이 완성되고 이러한 투명하고 익명적인 완전 입방체 고층건축은 세계 공통의 건축언어가 된다. 미스의 유리 마천루에서도 보듯이 철골과 가장 궁합이 잘 맞는 재료는 유리이다. 철과 유리는 날카롭고 차가운 물성도 어울리는 데에다

---

01 부재의 비례의 핵심은 가로, 세로의 비율이다. 그리스 신전의 기둥은 인체 비례와 흡사하다. 이를 철재로는 구현할 방법이 없었던 것이다.

미스 반 데어 로에, 레이크쇼어 드라이브 아파트, 시카고, 1951.

구조의 장식성
Structural Expression

철의 세장성은 유리의 투명성 효과를 극대화한다.

신사동 주택의 건축주는 뒤에서 언급할 청학빌딩의 건축주이다. 도산
공원을 마주한 땅에 지은 60년대 벽돌집에서 살고 있던 이 집 식구들은 공
원 쪽으로 열린 집을 철골로 짓자는 내 제안을 토도 안 달고 받아들였다. 전
면과 후면은 완전히 유리이다. 공원이 벽면 전체에 잡히지만 집안이 훤히 내
다보이는 것은 감수해야 한다. 2층을 비렌딜 트러스[2]로 만들어 1층의 기둥을
아예 없앰으로써 더욱 투명하게 만든다.

미스도 이 문제 때문에 많은 고민을 했지만 철골 특히 H형강[3]의 가장
큰 약점은 x축과 y축의 단면 형상이 다르다는 점이다. 이 약점은 모서리를
만들 때 드러난다. 사각튜브로 기둥을 만들면 모서리 문제는 해결되지만 H
형강의 고 효율성을 일부러 낭비하는 결과가 빚어진다. 그래서 건물의 매스
를 분리된 4개의 판을 세워서 구성하는 방식을 취했다.

이 결과 4면은 각각 H형강의 움푹 파인 면이 표면에 드러나게 되고
모서리는 대칭성을 갖게 된다. 양 측면은 철판을 접어 자체적인 강성을 가진
주름강판이 되게 한 후 철골 매트릭스 안에 끼워 넣었다. 3층에 세워진 철골
은 향후 증축을 위해 미리 세워진 골조이나 평범하지 않은 상부의 조형적
효과를 아울러 발휘한다.

경량골조로 지어진 철제주택은 없지 않았으나 본격적인 철골 주택은
우리나라에서는 처음이었다. 건축문화대상도 수상하고 일간지를 비롯해서

---

02 Vierendeel truss: 일반적인 트러스가 경사진 중간재를 가지는 반면 이 트러스는 수직의 연결재
를 가져 사다리같이 생겼다.

03 H형강의 위, 아래 두꺼운 철판을 플랜지(flange), 가운데 얇은 연결철판을 웹(web)이라고 한다.
따라서 H형강은 정면과 측면의 모양이 달라진다.

신사동 주택 정면 야경.

구조의 장식성
Structural Expression

관련 잡지 7군데 정도에 게재되어 한동안 유명세를 탔다. IMF에 의해 이 집도 집 주인과 같은 운명이 되었다. 경매로 한 음식점으로 넘어가서 완전히 개조되어 한동안 버티는가 했더니 최근에 헐려 새 건물이 들어섰다.

성락교회:

상징성 Symbolism

성락교회는 나의 처녀작이자 첫 수상작이며 출세작이다. 1989년 만 서른의 나이에 겁도 없이 창업을 하자마자 의뢰받은 이 프로젝트는 완공 시까지 4년 여 동안 나의 거의 유일한 일거리였다. 설계사무소 경력이 전혀 없던 나로서는 이 일이 설계를 배우는 교과서인 동시에 나의 건축적 지식과 사고를 온통 쏟아 부어 실험할 수 있는 연구소였다.

기성 건축계에 빚진 바가 없던 나로서는 그 누구의 영향으로부터도 해방될 수 있었고 어떤 비평에서도 자유로울 수 있었다. 이러한 실험정신을 높이 사서였는지 93년 서울시 건축상을 그것도 최고상인 금상을 수상하게 된다. 지금 같으면 어림도 없는 얘기다. 내게 행운이 따랐던 것인지 이 시대의 후배들이 때를 잘못 만난 것인지 잘 모르겠다.

성락교회는 성령파 계열의 교회로서 급성장해 대규모의 본당이 필요한 때였다. 기성 교단으로부터 질시어린 배척을 받고 있던 담임목사는 나의 급진적인 계획안에 매우 흡족해 했다. 미관지구의 높이 제한 범위 내에서 최대 용적을 얻기 위한 방법으로 구조와 설비를 건물 외부로 노출시켜 오히려 이를 장식적 상징요소로 사용하자는 제안을 했던 것이다.

당연히 교회답지 않다. 창고냐는 등 교회 내부의 많은 이들로부터 반대가 쏟아졌지만 그는 이러한 비난을 자신에 대한 보수교단의 핍박과 동일시했는지 물리쳐 버렸다. 목사를 비롯한 교인들에게는 최대 용적을 얻기 위한 묘안임을 앞세웠지만 내심 나의 목적은 노출구조를 통해 현대교회 건축의 새로운 상징성을 찾아보자는 것이었다.

우리나라의 기독교 교세가 세계에서 최선두를 다투고 교회당의 신축

숫자 또한 최대급임에도 불구하고 교회건축에 관한 한 한국건축에는 이렇다 할 담론조차 없는 것은 참으로 기이한 일이다. 나는 이것의 원인이 전적으로 교회 건축의 건축주들에게 있음을 절감한 적이 참으로 많다. 그들은 '교회다워야 함'을 교회건축의 제 일의 원칙이라고 믿는데 그 교회다움이란 다름 아닌 고딕 성당 같음을 말한다.

충현교회처럼 아예 고딕 풍을 직설적으로 모사하는 방식에서부터 시작해서 명동성당에서 기원했음직한 적벽돌과 뾰족 첨탑에 대한 집착까지, '하나님의 집'에 대한 이들의 편견은 가히 난공불락이다. 이외에도 고트프리트 뵘, 알바 알토 같은 현대 건축가들의 교회건축을 번안한 교회들이 있는가 하면 체육관인지 오피스인지 모를 덩어리에 십자가 탑만 걸고 교회라 우기는 뻔뻔스러운 교회당도 적지 않다.

그런데 고딕 양식을 교회건축의 이상으로 여기는 사람들 중 '고딕'이 조롱이 담긴 용어임을 아는 이들은 많지 않다. 16세기 르네상스기의 건축가이자 미술사가인 조르조 바사리는 북방 야만족인 고트족의 풍이라는 의미로 '르네상스'와 대비하여 고딕건축의 저급함을 표현했다. 그는 왜 고딕을 그렇게 평가했을까? 넓고 높고 밝은 공간을 위하여 구조적 한계까지 밀어붙인 고딕의 실용성과 기술지상주의가 자신이 속한 르네상스의 고전주의적 관점에서는 속물스럽고 우아하지 않게 보였기 때문일 테다.

어쨌건 고딕의 본질은 바로 이 기술에 의한 상징성이다. 구조를 가볍게 하기 위해 고전적 비례를 무시하고 기둥을 가늘게 만들었고, 추력을 받기 위한 플라잉 버트레스와 이것의 슬라이딩을 막기 위해 얹은 소첨탑pinacle[4] 같은 구조부재를 적나라하게 노출시켜 그것을 오히려 형태적 요소로 사용한 것이다.

어찌 보면 천박한 시민계급의 건축인 고딕 스타일을 우리들은 자칭 보수적 교회의 전범으로 삼다니 참으로 기괴한 일이 아닐 수 없다. 나는 이점에 주목했다. 서울의 가장 빈민가 중 하나였던 신길동에서 시작한 이 교회는 당초부터 이때까지 지독히 가난하고 병든 자들이 찾던 가난한 자들의 교회였다.

이들에게 어울리는 건축은 르네상스식이 아닌 고딕식이어야 했고 그것도 표피만 흉내내는 의사 고딕pseudo-Gothic이 아니라 고딕의 정신이 이 시대의 재료로 재현되는 방식이어야 했다. 하잘 것 없는 돌이라는 재료로 하늘을 찌를 듯한 대성당을 지었던 고딕의 장인들이 이 시대 부활해서 철이라는 재료를 얻게 되면 어떻게 지을까라는 질문이 나의 화두가 되었다.

본당을 감싸는 벽과 지붕은 노출된 철골 트러스에 매달려 있게 된다. 냉난방용 덕트가 삼각형 트러스 내부로 설치된다. 본당 부분을 싸는 외벽재는 주로 공장용으로 쓰이는 시멘트 판넬을 썼고 나머지는 화강암 판석을 사용했다. 본당 안에는 발코니 층이 만들어지는데 거버보[5]로 되어 있어서 양끝단인 외벽 면에서는 인장력이 발생하므로 외부의 기둥은 모두 H형강으로 만든다.

더 넓은 내부 공간을 만들기 위해 외부로 나오게 된 철골 재들이 형태와 장식적인 역할을 아울러 하기를 기대한 것이었다. 트러스와 H형강들과

---

04 플라잉 버트레스 위에 얹은 뾰족한 첨탑. 버트레스의 무게를 증가시켜 추력에 의한 지반에서의 미끌어짐을 막는 역할을 함과 동시에 바람에 의해 성당이 휘는 것을 보정하는 역할도 한다.

05 Gerber Beam: 보의 양 끝단이 아닌 약간 들어 온 곳에 기둥을 두어 보 스스로 평형을 이루게 한 보의 한 형태.

구조의 장식성
Structural Expression

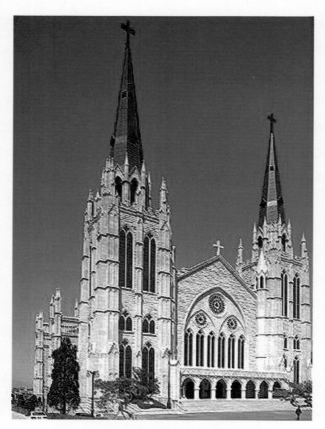

충현교회. 철골조에 고딕식 피복.

성락교회 정면.

의 접합부, 브레이싱 재들의 접합부를 장식화하기 위해 모두 건식 이음매로 만들었다.

　　도로변에 맞서는 전면부는 콘크리트조로 만들어진다. 로비와 계단탑이 들어서는 부분이다. 고딕성당으로 치면 장미창과 첨탑이 만들어지는 입구부분이 된다. 콘크리트의 소조성을 살린다고 재주를 부렸는데 지금 보면 많이 간지럽다. 독학한 30대 건축가의 한계가 읽힌다.

　　1층 로비와 측면 계단을 유리로 막아달라는 목사의 청을 끝까지 들어주지 않았다. 사실 서울시 건축상에 응모한 것은 이 청을 거절할 핑계를 찾기 위해서였다.[6] 최근 방문하니 기어이 일층에 유리문을 달아 외부인들을 걸러내고 있었다. 르네상스식 몰딩을 단 고급 창호였다.

06　서울시 건축상에서는 보행자들의 공공성을 눈 여겨 보니 제출할 때까지라도 막지 말자고 청원했다.

성락교회. 테크놀로지의 표현.

부평 순복음교회:

이중성 Duality

성락교회 이후로 나는 교회 건축을 가장 많이 설계하는 건축가 중 하나가 되었다. 부평 순복음교회 역시 소문을 듣고 찾아온 사람들에게 의뢰받은 프로젝트이다. 흥미로운 것은 우리나라 기독교의 보수 정통 세력이라 자칭하는 장로교 측에서는 나의 교회 건축에 대해 거부감이 많은 편이었는데, 아마도 그들이 모범이라 여기는 충현교회에 대한 나의 비판 때문이었을 것이다.

사실 기독교, 더 정확히 말해 개신교는 교회당조차 거부하는 것이 교리적으로는 타당하다. 개신교의 탄생을 이끌어낸 종교개혁이 성 베드로 성당 건축에 의해 촉발되었다는 것은 잘 알려진 사실이다. 교황 율리우스 2세는 이 성당 신축을 위한 재정조달의 목적으로 1506년 면죄부의 판매를 허용했고 루터가 이에 대한 95개 논제를 제출함으로써 프로테스탄트 혁명이 시작되었던 것이다.

루터와 캘빈 같은 종교 개혁가들의 가르침을 한마디로 요약하면 인간이 구원을 얻는 데 있어 신의 은총 이외의 것은 그 어떤 것도 필요없다는 것이다. 신부나 교회church 같은 제도뿐 아니라 교회당the church이나 헌금 따위의 물적인 것 또한 그리스도의 의를 대체할 수 없다는 것이 핵심이다. 어떤 대가도 치를 필요가 없이 이미 구원받았다는 사실을 긍정하기만 하면 된다는 것은 말 그대로 '복음'이다.

이로써 개신교가 로마 가톨릭을 대체하는 더 큰 기독교 세력이 된 것은 물론 구교 또한 스스로 개혁하게 만들었다. 그러나 현금의 한국 기독교는 500년 전 자신들이 대항했던 가톨릭의 모습 그대로이다. 교단과 교리 같은 제도가 복음에 앞서고 물질 봉헌과 성직자 대우하기가 신앙의 척도이다.

가톨릭의 엄숙, 경건한 제의와 형식에 비슷할수록 보수, 정통에 가깝다고들 믿는다. 이들의 대표 격인 충현교회가 체육관의 공간, 구조에 고딕의 외피를 입고 있게 된 것은 전혀 우연이 아니다.

부평 순복음교회는 성령파 교회답게 이런 부분에서는 매우 열려 있었고 석조건축도 아니면서 그런 척 서 있는 복고풍 교회건축에 대한 나의 거부감에 동의를 해주었다. 그럼에도 불구하고 교회로서의 상징성은 반드시 있어야 할 것을 요구해, 기존 건물을 증개축해서 새 프로그램을 담아야 하는 문제에 더해 큰 과제로 다가왔다.

공장으로 지어진 2층짜리 벽돌건축을 교회당으로 쓰던 이 교회는 기존 건물을 그대로 존치시키기를 원했다. 이에 증측되는 본당의 외벽을 아예 적벽돌로 하여 기존건물의 연장체로 만들고 여기에 투명한 유리벽으로 된 로비 공간의 켜를 덧붙이기로 한다. 그리고 새로 덧붙인 유리 켜와 계단실 탑을 철골로 구성하여 교회로서의 상징성을 얻을 수 있는 장치를 만든다.

야경을 보면 유리벽은 사라지고 벽돌으로 축조된 본당 외벽과 조명을 받아 하얗게 치솟은 철탑이 주 풍경이 된다. 이렇게 이중성을 가지는 외피와 전통적인 상징 장치인 첨탑을 도입한 것은 현대 기독교 교회에 내재되어 있는 근본적인 딜레마를 표현하려는 의도도 있었다.

신의 화육incarnation을 경험하는 성례전 대신 말씀 선포가 주된 기능으로 바뀌는 개신교 교회당은 더 이상 '천국의 모형'도 '신의 거처'도 '천상으로의 통로'도 아닌 '인간의 집'이다. 신은 루터 이후로 교회에 거하지 아니하고 사람의 마음 속에 존재하기 때문이다. 예수의 말씀대로 성전을 허무는 것이 올바른 태도이며 "삶이 없는 것처럼 신을 사는 것이 아니라 신이 없는 듯이 삶을 살아야 한다."는 본 훼퍼의 말대로 '신이 없는 듯한' 인간의 공간을

부평 순복음교회. 기존 건물의 벽돌벽을 연장해서 유리벽 안쪽의 벽돌벽이 그대로 드러난다.

연결부위와 본당 내부.

구조의 장식성
Structural Expression

짓는 것이 오히려 참 기독교적이 아닐까? 그러나 그것은 이상일 뿐이다.

    루터는 교회로부터 인간을 해방시킨 대신 참으로 견디기 힘든 '절대고독'을 인간에게 가져다주었다. 모든 인간은 그럴 만큼 '어른'이 아니다. 여전히 구원을 거저 받았다는 것에 대해 의심하면서 '은총의 값'을 치러야 한다고 믿고 여전히 믿음직한 교회제도와 조직에 기대려 한다. 500년 만에 목사의 가운과 교리와 교단과 십일조와 중세풍의 교회당이 부활하는 것이 그 증거이다.

    '어른이 된' 세상이 왔음에도 인간들은 여전히 초월적인 것을 경험하기 위하여 육체적인 대상을 필요로 한다. '구별된 장소'로서의 교회당이 여전히 필요하고 예배라는 형식과 초월성에 대한 상징이 앞으로도 유효한 이유이다. 그러나 그렇다하여 현대적인 오디토리엄의 공간을 가지면서도 복고풍의 석조양식을 직설적으로 차용하는 시대착오적인 건축마저 용납되는 것은 아니다.

    나의 절충법이 이 딜레마에 대한 해결책이라고는 감히 주장하지 못하겠다. 어쩌면 해결책이라는 것 자체가 필요한 문제인지도 모르겠다. 다만 한국 기독교가 그 번성에 대한 감사의 표현으로라도 이 시대의 교회건축에 대한 건축적 실험에 과감한 기여를 하지 못하는 점에 대해서는 유감이 많다.

장식미와 구조미

"장식은 죄악이다."라는 유명한 테제를 말한 이는 19세기말 비엔나의 건축가 아돌프 로스이다. 레비스트로스 이전이었기에 가능한 말이었겠지만 그는 파푸아뉴기니의 원주민이 자기 몸에 문신을 하거나 칠을 하는 것과는 달리 '현대인'이 그렇게 하는 것은 죄악이자 시대착오적이라고 일갈한다. 로스의 이러한 장식 혐오는 이후 근대건축의 가장 중요한 원칙 중 하나가 되고 국제주의 양식을 거치면서 20세기 중후반 세계건축의 불문율로 굳어진다. 그리하여 20세기 후반 포스트모더니즘 건축 이론의 주 공격목표가 이 장식 배제를 향한 것이었음은 당연한 일이다.

건축 전문인들이 아닌 일반인들에게도 '무장식=근대적'이라는 공식은 익숙하다. 백색의 순수 기하학에 가까운 조형으로 된 건물을 보면서는 보통 '모던하군!'이라 말하고 고전주의적 장식이 많은 건물을 볼 때는 '클래식한데?'라고 표현하는 것이 일반적이다. 단지 건축을 기능성과 안전성이라는 측면에서만 본다면 장식은 말 그대로 있어도 없어도 그만인 '화장술' 내지는

장식 없는 흰 벽으로 오스트리아 빈에 파문을 일으킨 아돌프 로스의 로스 하우스, 1910.

'표피 조작 효과'에 지나지 않는다. 그러나 건축이 엄연한 예술이고 따라서 심미적인 효과가 절대적인 가치 중 하나라고 본다면 얘기가 달라진다.

건축에서의 장식 문제, 더 나아가 건축의 미학에 대한 문제가 19세기 후반에 비로소 논쟁거리가 되기 시작하는 것은 매우 흥미로운 사실이다. 사실 그 이전에는 건축뿐 아니라 모든 예술에 있어 미에 관한 문제가 담론의 대상이 아니었다. '미학'이라는 개념을 등장시키고 '미'의 이론을 정립한 바움가르텐이나 칸트가 나타난 18세기까지 '아름다움'이란 이미 아름다운 자연神이 창조한 세계을 잘 모사하면 저절로 얻어지는 것으로 보았기 때문이다.

19세기는 자연이 미의 원천이라고 보는 전통적인 '절대주의적 미 이론'과 생성원인과 결과적인 형태 사이의 논리적 완결성을 미의 척도로 보는 '이상주의적 미 이론' 그리고 미는 그 자체가 자기완결적이라고 보는 '낭만주의적 미 이론'이 충돌한 시기였다.[7]

19세기 건축미에 대한 입장 또한 이에 따라 셋으로 나뉜다. 이미 완성된 고전주의적 건축 전범을 그대로 전승하는 것이 올바른 태도라는 전통파와 새로운 기술과 재료에 부응하는 합리적인 미를 찾아야 한다는 개혁파가 부딪히는 한편, 루소의 자연회귀론을 앞세우며 고대 유적과 픽쳐레스크를 좇는 낭만파가 독립한다.

---

07   이 세 가지 입장을 각각 '眞=美', '善=美', '美=美'라고 설명하는 학자도 있다.

주 전선은 전통파와 개혁파 사이에서 형성되었는데 아돌프 로스의 장식에 대한 분노는 전통파의 무비판적인 고전건축 베끼기에 대한 혐오에서 비롯된 것이다. 개혁파 중에도 아돌프 로스 같은 극좌가 있었는가 하면 구조 합리주의자였던 비올레 르 뒥 같은 건축가는 같은 장식이라 해도 구조적 효율성에 기여하는 장식ornament은 인정하되 오로지 시각적 즐거움에만 봉사하기 위한 장식decoration에는 반대하는 중간적 입장도 있었다.

19세기 건축 논쟁이 촉발된 기저에는 이 같은 미학적 태도의 분화 말고도 철의 등장과 건축기술의 혁신이라는 또 다른 원인이 있다. 앞서도 얘기했지만 전통주의자들이 철을 기껏 고전주의 석조건축의 숨긴 보강재 정도로 사용하고 있을 때 엔지니어들은 대형 공공건물과 전시장, 역사들을 마구 지었으며 전통론자들은 대안도 없으면서 이를 '건축이 아닌 천박한 기술'이라고 헐뜯고 있었다.

이렇게 19세기가 저물면서 유럽에는 새로운 재료와 구축법에 대응하는 새로운 건축미학을 찾으려는 여러 시도가 곳곳에서 싹튼다. 이중 대표적인 운동이 영국의 예술공예운동Art & Craft과 대륙에서 일어난 아르누보Art Nouveau이다.

존 러스킨, 윌리엄 모리스 등이 시작한 예술공예운동은 공업적으로 대량생산되는 조악한 공산품에 대항하여 중세적 길드생산을 통한 예술과 생산의 일체화를 꿈꾸었다. 당시에는 너무도 낭만적이었기에 오래 가지 못했지만 한 세기 후에 이들의 이상은 피터 라이스, 노먼 포스터, 니콜라스 그림쇼 같은 하이테크 건축 계열의 후예들에 의해 꽃피워지게 된다.

나라마다 이름은 달랐지만 벨기에, 프랑스, 독일, 이탈리아, 스페인 전역에서 아르누보 운동은 열렬한 호응을 불러일으킨다. 특히 빅토르 오르타, 엑토르 기마르, 앙리 반 데 벨데 같은 건축가들이 주도한 아르누보 건축은 새 시대 재료인 철을 이용하면서도 어쩌면 가장 오래된 장식의 원천인 자연에서 모티프를 얻어 디자인이 이루어졌기에 19세기 건축의 딜레마를 해결할 탈출구로 보였다.

그러나 아르누보 역시 20세기 초를 넘기지 못한다. 이들의 절충법으로 시대의 모순을 넘기에는 근대 이행기의 병이 너무도 위중했기 때문이다. 건축의 문제는 더 이상 미학의 문제가 아니라 계급투쟁의 문제였다. 도시로 쏟아져 들어오는 노동자들의 주거와 끊임없이 요구되는 공공건축에 대한 요구는 한가롭게 구조냐 장식이냐를 논할 겨를을 허락하지 않았다. 테일러 방식으로 건축을 대량생산하기 위해서는 수공예적 장인이 아니라 단위 공정에 익숙한 건설 노동자가 필요했고, 생산품은 일체의 거추장스런 장식이 배제된 공업제품이어야 했다. 한때 아방가르드였던 아돌프 로스의 후계자들이 전면에 나서는 시점이었다.

그리고 100년 후 20세기 말. 건축계에서는 아르누보의 재현이라 해도 과장이 아닌 산티아고 칼라트라바, 프랭크 게리와 자하 하디드 등이 주목받는다. 유행이 돌고 돌아 복고풍이 득세하는 것일까? 그것만은 아니다. 한 세기 전에는 현실적 타당성이 없어 사라졌던 비정형, 곡선의 건축이 재등장한 것은 새로운 기술 덕분이다. 컴퓨터 안에서 3차원으로 설계되고 이 디지털 자료를 받아 3차원으로 형틀을 성형하는 기법이 나왔기 때문이다. 물론 아직은 일반적인 직선 건축보다는 현저히 비싸지만 아르누보 때처럼 대량, 공장 생산이 원천적으로 불가능한 것은 아니다.

건축의 형태와 장식에서 유발되는 심미적 효과는 기능이나 구조에 양념처럼 부가되는 부차적 요소가 아니다. 예술로서의 건축에 있어 '미'는 어쩌면 가장 중요한 가치일 수도 있다. 다만 미적 요소는 그 건축의 내용 및 구축의 형식과 내재적인 정합성을 가져야 한다.

다시 말해 형태는 공간과 독립되어 존재하는 표피가 아니라 공간 구성의 합목적적인 결과이어야 한다는 뜻이며, 장식은 표피의 지루함을 없애기 위한 화장이 아니라 구조적 필연성과 구축의 과정을 읽혀지게 하는 목적으로만 쓰여야 한다는 것이다.

'미' 자체는 절대주의자들의 믿음처럼 시간을 타지 않는 불변의 것이다. 그러나 그것의 현현은 시대적이다. 왜냐하면 '미'에 육체를 부여하는 공간, 형태와 구조, 기술이 시대적이기 때문이다.

철의 장식적 한계를 넘으려는 시도.
빅토르 오르타, 터셀 하우스, 브뤼셀, 1894.

구조의 장식성
Structural Expression

앞의 네 작업은 노출된 철골구조의 심미적 가능성에 도전했던 작업들이다. 우리나라에서도 철골건축이란 체육관이나 공장 같은 대경간Iong span 건물에서 피치 못해 쓰는 재료이지 본격적인 건축의 재료로 인정하지 않았던 것이 주류 건축계의 입장이었다. 아마도 철골재의 세장한 특성이 건축미의 본질인 비례감을 만들어내지 못한다는 이유와 더불어 철골을 주재료로 사용함에 있어 필수적인 구조적인 지식과 상상력을 갖춘 건축가들이 없었기 때문이라고 여겨진다.

구조가 일부러 노출되어야 할 이유도 없고 노출된 구조가 반드시 형태적인 표현성을 획득해야 한다는 주장도 성립하지 않는다. 그렇지만 많은 현대건축이 구조에 의해 공간과 형태가 규정된다. 가장 큰 이유는 대형 건축이 많이 요구되기 때문이다. 공항이나 교통터미널, 대규모 체육관, 집회시설, 전시장 등에서 대개 공간-형태를 규정하는 것은 구조이다. 이 경우 구조는 형태의 실루엣뿐 아니라 표면의 의장적인 역할을 겸하는 될 경우가 대부분이다. 그럼에도 구조에 능숙한 건축가, 미적 감각을 겸비한 구조엔지니어는 드문 존재이다.

섣부른 탈근대는 근대건축적 전통인 건축과 기술의 통합의 문화를 단절되게 만들었다. 5년제 건축학과에서 구조와 이를 위한 역학, 수학은 거의 배제되고 있다. 설계 시간은 과거에 비해 몇 곱절 늘었지만 정작 건축물을 무너지지 않게 하면서도 공간, 형태와 정합을 이루게 하는 것은 배우지 않는다. 수많은 철학적 건축가들의 요설과 예술가인지 디자이너인지 모를 건축미술가들의 그래픽에만 넋을 잃는다. 지금은 다시 근대의 '건축=구조'를 가르칠 때이다.

4

기능을 위한 정역학

Functional Statics

진정 아름답고 세계에서
인정받을 만한 구조물을 원한다면
건축과 공학을 아우르는 인재들을 키워라.
건축에서는 공학을 버리고 토목에서는
그래픽 사다 붙이기를 계속한다면
우리 건조환경의 미적 수준은
한치도 나아질 수 없을 것이다.

성락교회 교육관 & 주엽교회:
매단 구조 Suspended Floor

조건영 선생은 건축계의 자타가 공인하는 진보적 인사이다. 일찍이 경기고등 학교 때부터 천재 끼와 반골 끼가 농후했던 그는 7, 80년대 정국에서 진보적 그룹과 많은 인연을 가지다가 천하의 이근안에게 몹시 당한 후에 도피성 도미를 한다. 나를 비롯한 건축계의 진보세력이 1989년 청년건축인협의회를 창립했을 때 그는 거의 유일한 정신적 지주였고, 이어서 민예총에서도 나는 그의 밑에서 건축분과 부위원장을 했다.

그는 『한겨레』신문 창간에도 주도적으로 참여했고, 이후 사옥 설계도 맡았다. 그 시절 나는 장충동에서 그와 사무실을 아래 위층으로 나누어 썼다. 그에게서 날카로운 기하학과 구조적 인벤션, 그리고 그것과 진보적 건축과의 연관성에 대해 가르침과 영향을 받은 것도 그때이다.

어느 날 그는 나에게 동숭동 대학로 변에 들어설 건물의 모델을 보여주면서 구조 개념 정립과 구조 설계를 부탁했다. 철골과 유리로만 된 본체와 거친 콘크리트의 45도 예각으로 모서리 처리된 코아를 가진, 조건영 선생 특유의 까칠함이 드러나는 상업건물로 지하에는 극장이 있었다. 이거다 싶어 지하의 극장을 위해서도 기둥 없는 공간이 필요하니 매달린 구조suspended structure로 풀자고 제안했고 받아들여졌다.

그러던 어느 날 선생은 모델을 한참 보더니 뒤집어버리며 "이게 더 낫잖아"라고 하는 것이었다. 그 순간 그 구조는 오로지 의장적인 의미만 가지는 철골마감재가 되고 말았다. 이로써 내가 할 일은 없었고 그후 그와 프로젝트 얘기를 나눈 기억이 없다.

성락교회 교육관은 이러한 트라우마가 내재되어 있는 건축이다. 93년

조건영, 동숭동 JS 빌딩, 1990.

부터 성락교회에 계획안을 제출했다. 그해 완성한 본당이 성가를 드높이던 터이어서 기고만장했을 무렵이다. 97년 완성할 때까지 많은 변경이 있었지만 달아매는 구조라는 컨셉만큼은 양보하지 않았다. 사실 경제적인 측면에서 보면 지하 1층에 무주 공간이 필요하다 해도 1층 바닥의 횡전달 구조[1]를 튼튼실하게 두는 것이 합리적이다. 그럼에도 나는 본당의 구조가 매달린 구조이니 이것도 그 맥락을 가지는 것이 옳다고 주장했고, 담임목사의 이해 속에 당시로는 실험적인 이 안이 추진되었다.

　　건폐율을 적용받지 않는 지하층에 넓은 집회공간을 넣는 것은 당연한 선택이고 이곳의 기둥을 제거하기 위해 상부 5개 층은 입체 트러스 포탈 프레임[2]에 의해 매달리는 구조가 된다. 모서리 대지 조건에 맞추어 주축은 45도 틀어지게 두고 횡력은 코아가 담당케 한다. 이로써 사용공간serviced space는 한 모서리가 잘린 정사각형의 반듯한 공간으로 만들어진다. 이것으로 시작하여 이 블록 내에 성락교회 관련 건물 6개를 추가로 짓거나 리모델링하게 되었다. 목사님은 그 한가운데 내 동상을 세워주기로 했는데 기억하고 계신지 모르겠다.

　　일산에 있는 주엽교회는 8년 만에 완성한 건물이다. 94년에 찾아 온 목사님은 재정상 어려우니 기본설계는 최종안까지 하되 우선은 지하층과 일층까지만 썼으면 좋겠다고 하였다. 그렇게 일층 지붕 위에 판넬로 가건물

01　transfer structure: 위에 있는 기둥을 아래에서는 없애고자 할 때 쓰는 방법은 두 가지이다. 하나는 기둥을 모두 위에서 매달아 옆으로 전달하는 방식이고 하나는 두꺼운 보에 올려 태워 옆으로 보내는 방식이다.

02　3-D portal frame: 디귿자 형태의 프레임을 portal frame이라 하며 좌굴과 전도를 막기위해 이것이 입체적으로 구성되었다는 뜻이다.

성락교회. 교육관 지상의 6개층 슬라브가 매달리는 구조이다.

성락교회. 교육관 3차원 포탈 프레임.

기능을 위한 정역학
Functional Statics

을 지어 사용한 지 6년 만에 다른 이들이 찾아온다. 앞의 목사는 쫓겨난 모양이었다. 원안대로 실시설계를 진행하되 재료를 건축주의 요구대로 벽돌로 바꾼다. 철골과 벽돌이 어떻게 결합할 수 있는지를 실험할 좋은 기회였다.

원래 절석법stereotomy의 재료인 벽돌은 가구식 공법tectonic이 주된 공법인 철골과 관련이 없는 재료이다. 그래서 통상적으로는 벽돌로 철골구조를 감아 싸서 은폐해 버리거나 벽돌의 조적적 성질을 무시하고 마감을 해서 줄눈을 없애버린다. 반면 루이스 칸은 예일 대학교 미술관에서 내부 슬라브를 연장시켜 이 위에 벽돌을 쌓음으로써 벽돌의 조적적 성질을 무화시킨다.

여기에서는 C형강을 층 슬라브 레벨에 두고 이 위에 벽돌을 쌓아 벽돌이 비내력벽이며 층 단위로 나뉘어 주 구조에 전달된다는 것이 드러날 수 있도록 하였다. 이 교회의 본당은 2-4층에 있고, 그 위로 3개 층은 다시 사무공간이다. 따라서 여기에서도 본당의 기둥을 없애는 방법으로 상부 3개 층을 달아매는 구조가 채택된다.

활꼴의 아웃리거 트러스outriggered truss에는 중앙의 기둥이 매달려 있으며 이것과 균형을 이루는 무게 추counter weight는 외벽의 조적조 벽이 담당하게 된다. 이 트러스의 모양을 짐짓 곡선으로 한 것은 철골의 공장 생산적인 느낌을 지우고 수공예적으로 만들어진 것을 표현하려는 시도이다.

도시의 교회들은 한정된 땅에 큰 집회 공간과 부속시설을 같이 가져야 하기 때문에 이를 수직적으로 적층하면서 생기는 구조적 도전을 받게 된다. 이러한 도전은 구조하는 이들에게는 오히려 흥미로운 과제이기도 하다. 프로그램의 절실함을 핑계로 보통은 은폐하려는 구조를 드러내고 오히려 주된 표현 요소로 삼을 수 있게 되기 때문이다.

일산주엽 교회 정면. 본당 위 네개층은 매달려 있는 구조이다.

철골과 벽돌의 접합 상세·아웃리거 거더(outriggered girder) 상세.

태신빌딩 & 청학빌딩:
트러스 층 Trussed Floor

1990년대 초반 어느 시점부터 나는 투명한 건물에 '꽂혔다.' 아마도 노먼 포스터의 윌리스 파버 앤 뒤마Willis, Faber and Dumas 본사 사옥을 어딘가에서 보고난 후부터였던 것 같다. 내가 당시에 추구하던 하이테크류 건축의 구조미를 더욱 부각시킬 수 있는 방법으로 보이기도 했거니와 당시 우리나라의 모든 건축은 육중한 매스에 창 뚫기가 입면 구성의 거의 유일한 방법이었으므로 그런 식의 벽면의 콤포지션과 아예 궤를 달리하는 파사드를 보여주고 싶은 오기도 작동했다.

당시의 사회적 변화도 한몫했을 것이다. 내 사무실이 있던 청담동, 압구정동에는 오래된 단독주택을 개조해 너른 유리창과 테라스를 가진 커피집들이 등장하기 시작했다. 누군가 관음증의 동네라고 표현했듯 이제 커피 마시는 것은 길 가는 사람들을 구경하고 나를 구경시키는 행위로 바뀌었다. 19세기 파리의 산책자들이 시나브로 서울에도 나타나던 시절이다. 투명한 파사드를 만듦에 있어 내가 잘 다루는 가느다란 철 구조와 유리벽은 '딱'이었다.

최초의 시도는 신사동 62-8번지의 건물이다. 1993년에 완성한 이것은 지하를 파지 않고 언제라도 철거가 쉽게 철골로 지어달라고 의뢰받은 건물이다. 도산대로 변으로는 아주 좁은 파사드를 가지고 있었음에도 불구하고 투명한 표피를 만들기로 한다. 방법은 격층으로 트러스를 만드는 것이었다. 짝수 층의 트러스가 자기 층 바닥의 하중과 위 층의 하중을 담당해 홀수 층은 기둥을 완전히 제거할 수 있다. 과연 카페와 스튜디오 등이 서로 들어오려는 건물이 되었다.

봉천동 남부순환로 변에 위치한 태신빌딩이 그 다음 시도이다. 여기에

노먼 포스터, 윌리스 파버 앤 뒤마 본사 사옥, 1975.

봉천동 태신빌딩.

기능을 위한 정역학
Functional Statics

서도 2, 4, 6층은 Alternate Floor Truss로 이루어진 구조를 가진다. 이로써 1, 3, 5층은 멀리온조차 없는 완전히 투명한 층이 생기게 된다. 반면 나머지 삼면은 두터운 벽과 인색할 만큼의 창을 주었다. 전면과의 대비를 꾀하려는 의도인 동시에 가로 건축은 등방성을 가질 이유가 없다는 뜻이기도 하다.

1995년에 설계를 시작해서 1997년에 완성된 신사동의 청학빌딩은 여러모로 나의 건축 전반기 10년의 대표작으로 말할 수 있다. 건축주의 전폭적인 신뢰로 시공까지 맡아서 진행한 까닭에 마지막 하나의 디테일까지 직접 관리할 수 있었으며 프로그램 자체가 내가 추구하던 구조적 건축에 가장 적합한 내용을 가지고 있었기 때문이다. 강남 땅 부자 중 하나였던 건축주는 토지초과이득세라는 제도에 밀려 여느 토지소유주들과 마찬가지로 본격 개발 시기까지 견딜 징검다리 건물[3]을 짓기로 한다. 당초 있던 골프연습장 건물을 리모델링과 증축을 통해 최소 규모로 다시 짓는 것이었다.

대지 전체의 콤포지션은 간단하다. 골프연습장이 요구하는 직사각형을 공제한 쐐기꼴의 대지 잔여분이 건물이 된다. 전면도로인 언주로 변으로 27.5미터의 경간을 가진 4개의 모듈을 두어 건물과 연습장 주탑의 구조 모듈로 사용한다. 그리고 이 모듈마다 이미 사용했던 층간 트러스를 3층에 두고 2층은 매달아 전 층이 투명한 파사드를 가지게 하였다. 건물의 배면은 일층이 비워져야 했으므로 2, 3층을 트러스로 묶는다. 유리벽의 켜는 전면에서는 구조의 켜 뒤로 가고 배면에서는 구조의 켜 밖에 설치된다. 이렇게 외벽켜와 구조켜를 어긋나게 함으로써 구조와 공간의 상호 독립성이 강조된다.

---

03   당시 강남의 비어 있는 땅에는 토지초과 이득세라는 세금이 부과되었고 토지주들은 이를 피하기 위해 최소규모로 건축한 후 후일을 기약하는 방식을 취했다.

신사동 청학빌딩.
유리벽과 구조켜가 안팎에서 서로 어긋나 있다.

기능을 위한 정역학
Functional Statics

철탑의 하부는 핀접합과 버트레스로 지지된다.

또한 도로변의 노출된 구조 켜로 인해 건물 전체 스케일 및 구성에 대한 명확한 이해, 공간적 깊이, 구조재의 디테일을 통한 장식적 효과를 꾀한다. 수직 기둥을 더블 H형강으로 한 것, 트러스의 압축재에 좌굴방지 장치를 단 것, 주탑 하부를 핀 접합으로 하고 버트레스를 부가시킨 것은 모두 무료하기 십상인 철골 구조의 건축적 표현을 풍부하게 하기 위한 의장적이며 구조적인 오너멘트ornament이다.

태신빌딩과 청학빌딩은 건축문화대상과 서울시 건축상을 가져다주었다. 구조건축가로서의 명망도 차츰 생기려는 순간이었다. 그런데 청학빌딩 완공 직전에 IMF 사태가 일어났다. 못 받은 공사비 대신 몇 년을 이 건물 안에서 지냈다. 공간은 넓어 오갈 곳 없는 온갖 식객들이 들끓었고 양산박이라고도 불리었다.

나도 할 일이 별로 없어 책을 내리 3권을 썼다. 많던 직원은 다 나가고 남은 식구들은 주린 배를 컵라면으로 때우며 배드민턴을 쳐대었다. 건축주도 그 많던 땅을 다 잃고 이 건물마저 빼앗기는 바람에 우리는 다시 유랑을 시작했다. 건축주는 시대를 너무 앞서간 때문이라며 애꿎은 건축 탓을 했다.

서울 오페라 하우스:

뒤집힌 돔 Capsized Dome

2006년 서울시에서 주최한 노들섬 오페라하우스 국제 현상공모에 제출했던 안이다. 5개 작품을 일차로 선정했는데 들지 못했다. 그 이후 재공모를 수차 걸친 후 DMP의 박승홍 씨의 안이 당선되어 설계까지 완료했는데 박원순 시장에 의해 보류가 되고 있다. 이 프로젝트 또한 이명박 당시 서울시장의 야심찬 서울개조 목록에 올라 있었던 사업이다. 청계천 복개사업과 서울광장 복원 등으로 새로운 건설 패러다임을 보여주던 그로서는 서울의 문화적 위상을 한껏 올려줄 오페라하우스가 매력적이지 않았을 리 없었을 것이다.

엘리트 예술에 대한 특혜 등의 비난을 뒤로하고 우선 국제 현상공모부터 내보낸다. 처음에는 세계적 건축가들과의 협업이 전제여서 나는 렘 콜하스에게 접촉했는데, 돈 얘기부터 콜콜하게 하는 터에 질렸던 기억이 있다.

내가 제안한 안의 개념은 간단하다. 타원형 언덕인 노들섬의 역상逆像을 만들어 공중에 띄우자는 것이다. 이는 한강에 떠 있는 거대한 수반水盤으로 보일 것이었다. 한강은 노년기 지형의 강으로서 강폭이 크고 주변 경관이 수평적이다. 이 스케일에 어울리는 랜드마크가 되려면 건물 군보다는 섬 전체 크기 정도의 구조물이 되어야 한다는 판단이었다.

실제로 이 구조체가 물에 떠 있는 수반처럼 보이기 위해서는 콘크리트 축대로 돋우어진 섬의 지형이 해체될 필요가 있다. 이를 위해 한강개발이전의 백사장과 완만한 강기슭을 가진 원형 지형의 회복을 아울러 제안했다. 물론 수리 수문학적으로는 말이 안 되는 제안이지만 생태계 회복을 위해서는 해봄직한 일이기도 하다. 라인 강도 인공 강둑을 허물고 하천을 원상으로 복원하는 데 강을 직선화하면서 들었던 비용의 수십 배를 들이고 있다하지 않는가?

구조적으로 수반이란 돔을 뒤집어 놓은 것이다. 돔은 아치를 회전시킨 것이므로 아치에서 생기는 추력이 방사형으로 생겨서 결과적으로는 돔의 하부 원둘레에 테 인장력hoop tension이 발생한다. 판테온과 같은 석조건축에서는 추가적인 무게를 테에 가함으로써 이를 해결했고 근래의 돔 구조에서는 띠보ring beam로 이 문제를 해결한다.

수반에서도 마찬가지로 상부 테두리에 이 인장력이 발생하는데 거기에다가 이 수반은 타원형이기 때문에 중심이 두 곳에 생긴다. 타원형의 두 중심에 띠보 두 개를 위치시켜 타원형 테두리와 케이블로 연결시킴으로써 평형을 이루도록 계획하였다. 이 두 중심에는 각각 오페라 하우스와 콘서트홀 매스를 앉혀서 중앙의 광장을 마주하고 배치되도록 한다.

스킨은 루버식으로 개폐가 가능하도록 한다. 오페라가 열리는 저녁에 이 스킨은 생중계를 하는 스크린이 되어 한강변에 나와 앉은 많은 이들에게 볼거리가 될 것이다. 직선화된 한강이 허물어지고 다시 침전과 퇴적이 반복되면 이 섬 일대는 갈대밭, 늪지, 백사장, 자갈밭으로 변할 것이고 이 야생의 포디엄 위에 올라앉은 수반은 도시의 연꽃이면서 한때 이곳이 섬이었던 시절을 상기시키기도 할 것이다.

아니나 다를까. 당선작들로 뽑힌 작품들은 하나같이 모두 건물들이었다. 단지 오페라하우스만을 원한다면 더 건축적인 해결이 탁월했던 작품들이 뽑히는 것이 옳았겠다. 그러나 여기는 노들섬이 아니던가. 이곳의 장소성이 단지 잘 만들어진 극장건물의 대지로만 쓰여야 한다는 점에 대해 별로 수긍할 수 없었다.

예선에서 뽑힌 다섯 작품과 장 누벨, 산티아고 칼라트라바, 도미니크

위_오페라하우스 조감도.
아래_오페라하우스 입면도.

뻬로 등의 초청 작가들이 본선에서 겨루어 장 누벨의 것이 선정되었다. 그는 나처럼 섬 전체를 하나의 건축화 대상으로 보았다. 인공 산세를 만들고 거기에 필요한 매스들을 끼워넣은 것이다. 다른 현상설계의 모작이니 어쩌니라는 시비가 있었지만 나는 그의 접근방법에 동의한다.

문제는 그가 터무니없는 설계비를 요구해서 계약에 이르지 못하고 박승홍 씨의 안으로 결정되었다는 것이다. 냉정하게 말하여 범작이다. 한국의 춤사위를 재해석했다는 설명도 영 거북하다. 기능적으로 절실하지 않은 지붕구조물을 설명하는 듯한데 7, 80년대 한국성에 대한 강박을 다시 보는 것 같기도 하거니와 노들섬이 아니더라도 얼마든지 적용할 수 있는 요소이기에 더욱 그렇다.

기능을 위한 정역학
Functional Statics

건축가와 엔지니어

건축물에 있어서 구조는 모호함이 특징이다. 형태적인 혹은 공간적인 이유로 종종 왜곡되거나 은폐된다. 예컨대 그리스 신전의 기둥은 구조적으로는 그 정도의 굵기가 필요하지 않으며 여러 장식 또한 불필요하다. 안도 타다오의 콘크리트 벽은 구조이기는 하지만 공간감을 얻기 위한 목적이 우세하다.

요컨대 건축에서는 구조재라 하여 액면 그대로 구조적으로 필요한 만큼만 있는 부재가 아니라는 뜻이다. 이같이 미적인 이유로 형태와 공간의 질서 안에 포섭되는 것이 건축에서의 구조이다. 이를 '건축 구조에는 잉여 redundancy가 많다.'라고 표현한다.

반면 토목 구조물에서는 구조적 잉여란 사치인 정도가 아니라 죄악이다. 자칫 잘못하면 구조체 자신은 물론 수많은 생명을 앗아갈 수 있기 때문이다. 여기에서 형태는 바로 구조이며 공간 그 자체이다. 이들의 대표선수는 교량이다. 강과 바다 너른 계곡을 건너질러야 하는 교량에 있어서 형태나 장식 같은 사뭇 건축적인 요소는 지극히 부차적인 요소이다.

교량은 양안 사이를 상판으로 연결시키는 목적으로만 존재한다. 교각 사이 허공에 놓이는 상판은 중력에 의해 쳐지고 결국에는 부러지려 할 것이다. 이를 피하려면 상판은 두꺼워져야 하는데 필연적으로 자중도 함께 늘어나기 때문에 마냥 늘릴 도리도 없다. 그러므로 교량의 역사는 상판 얇게 만들기의 투쟁사이다. 한 치라도 줄여 날렵하게 만들면 더 넓은 거리를 보낼 수 있으니 미적 요소 따위를 고려해 형태를 고민하거나 장식을 붙여 무게를 더할 이유가 있을 리 없다.

돌이나 벽돌 같은 압축력에만 견디는 재료로 교량을 건설해야 했던 17세기 이전의 모든 교량은 거기서 거기였다. 로마 시대 아치에 의해 단 한번 혁신이 이루어졌을 뿐 수천 년간 거대한 교각을 촘촘히 세우고 상판을 얹었다. 잘 아는 퐁뇌프 다리를 비롯한 파리 런던의 유명한 다리들이 다 이 방식이다. 철이 등장하면서 인장력에 견딜 수 있게 되자 교량은 하루가 달리 발전한다.

초기에는 인장력이 많이 약한 주철로 지어졌기에 여전히 압축구조 형태를 띠지만 19세기 중반에 이르러 인장력이 강한 단철이 이용되면서 근대적인 교량들이 속속 등장한다. 이 시대 교량의 결정판은 1883년에 완성된 브루클린 브리지이다. 479미터라는 당시로서는 상상도 못할 거리를 중간에 교각 하나도 없이 건너지른 것이다. 이는 오로지 강철케이블의 덕이다. 지금까지는 상판의 무게를 하부의 구조가 받아 교각으로 실어 날랐다면 이 다리는 교각에 붙들린 가느다란 케이블이 이 무게를 끌어당겨 힘을 전달한다.

이후 더 넓은 경간의 수많은 다리들이 세계 곳곳에 세워지지만 브루클린 브리지나 샌프란시스코의 금문교 같은 현수교는 사람들이 가장 사랑하는 도시의 대표적인 랜드마크가 된다. 이들이 사랑받는 랜드마크가 되는 이유는 무엇일까? 근대가 열리고 이 도시들이 지금의 모습을 갖추기 시작할 때부터 그 자리에 있었다는 역사성도 그 이유 중 하나일 것이고, 거대한 강과 해협과 대비되어 기념비적 스케일로 서 있는 그 자태에서 인간 문명의 위대함을 느끼는지도 모르겠다.

그러나 무엇보다 중요한 것은 미적 가치가 있어서가 아닐까? 많은 사람들이 사장교보다는 현수교가 더 아름답다고 느끼는 것은 현수곡선[4]이 만드는 독특한 컴포지션 때문이다. 자연의 랜드스케이프를 배경으로 서 있는 교량에 있어 자연을 닮은 동시에 가장 자연스러운 곡선인 현수선은 인간의 창조물임에도 애당초 거기에 있었던 것 같은 느낌을 제공한다.

---

04   현수선(catenary)과 포물선(parabola)은 비슷하지만 조금 다르다. 포물선이 등 간격마다 같은 무게를 달아서 만들어진 선이라면 현수선은 줄 자체의 무게에 의해 자연스럽게 쳐져서 생긴 선이다.

공사중인 뉴욕, 브루클린 브리지, 1868.

기능을 위한 정역학
Functional Statics

에로 사아리넨, 세인트루이스 게이트웨이, 1968.

이 다리를 설계한 엔지니어들이 이 같은 미적 고려를 했을 리가 없다. 그들은 수많은 구조 시스템 중에서 여러 변수를 고려하여 지극히 합리적인 선택을 했을 것이다. 현수선은 줄이 자연스럽게 늘어졌을 때 나타나는 곡선으로 상판의 무게를 수직 케이블로 매달면 가장 효율적으로 교각까지 전달할 수 있는 곡선이다.

미를 고려하지 않았지만 결과적으로는 미를 창조한 이 역설은 미의 원천이 자연 안에 있다는 반증이기도 하다. 공학자들은 자연의 역학법칙을 가장 합리적으로 반영하여 설계했을 따름이지만 자연의 법칙 안에 숨겨져 있던 미는 이를 통해 드러나게 된다.

이같이 합리적인 구조에 의해 미가 얻어진다는 것이 구조합리주의적인 입장이다. 가우디, 네르비를 비롯하여 에로 사아리넨 같은 건축가들이 여기에 속한다. 에로 사아리넨의 게이트웨이 아치는 세인트루이스 시가 자랑하는 랜드마크이다. 정확히 보면 포물선 아치의 형태이다.

포물선 또한 줄을 늘어뜨리면 생겨나는 곡선이다. 이를 뒤집어서 아치를 만들면 순수 압축력이 지나는 곡선이 되어 부재를 가장 가늘게 만들 수가 있게 된다. 기념비적 스케일을 얻기 위해 구조체 자체는 최대로 가늘어야 하고 이것의 원리는 자연의 역학법칙 안에 담겨져 있다. 엔지니어는 역학법칙을 순수하게 좇아 미를 얻어내고 사아리넨 같은 건축가는 미와 스케일을 얻기 위해 역학법칙을 순수하게 이용한다.

건축가와 엔지니어는 생각하는 방식부터 서로 다르다. 금문교와 게이트 웨이 아치를 예로 들어 설명해보자. 금문교의 엔지니어들에게 현수구조는 합리적인 추론의 결과이다. 아치교, 트러스교, 사장교 등 모든 시스템을 검토했을 것이다. 결국 해저에 교각을 많이 설치하여 상판의 구조를 적게 하는 것보다는 교각은 두 개로 줄이고 상판을 가장 비싼 현수구조로 하는 것이 가장 경제적이라는 결론을 얻었을 것이다. 이처럼 엔지니어의 사고법은 귀납적이다.

반면 사아리넨의 경우 아치로 하겠다는 것은 자신의 고유한 결정이다. 미학적, 상징적 차원에서 결정된 것이며 이 프로젝트의 기본전제가 된다. 포물선으로 다듬고 구체적인 재료와 치수가 정해지는 것은 사후적인 프로세스다. 이처럼 건축가의 사고법은 연역적이다. 중요한 점은 사아리넨은 구조에 통달하고 있는 건축가였기에 결과적으로도 엔지니어들의 작업에 뒤떨어지지 않는 경제적 효율성도 얻었다는 점이다.[5]

여기에서 우리 주위에서 숱하게 보게 되는 역겨운 SOC들을 언급하지 않을 수 없다. 왜 우리에게는 명품 교량이 없을까? 토목구조물은 그들의 경제논리에 의해서만 건설되고 미적 요소는 액세서리처럼 나중에 덧붙이면 된다고 보기 때문이다. 공학에 무지하면서 형태에 집착하려 한다는 오해를 받는 건축가들은 이 과정에 초대조차 받지 못한다.

---

05 반면 새천년을 맞아 계획되었던 '천년의 문' 프로젝트는 구조적 문제에 의한 비용증가 때문에 포기되었다.

진정 아름답고 세계에서 인정받을 만한 구조물을 원한다면 건축과 공학을 아우르는 인재들을 키워라. 건축에서는 공학을 버리고 토목에서는 그래픽 사다 붙이기를 계속한다면 우리 건조환경의 미적 수준은 한 치도 나아질 수 없을 것이다.

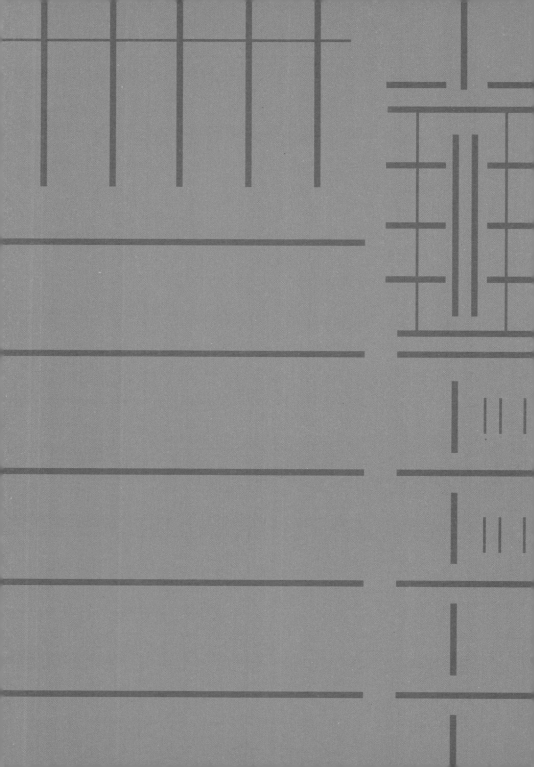

건축과
도시 사이

Grid
& Field

1

도시적 장치

Urban Installation

도시는 생명체이다. 굳이 계획적으로 충돌시키지 않아도
그 안에서는 수많은 충돌이 일어나고 그것은 흉터로 남게 된다.
이 장엄한 도시의 생명력 앞에서 우리 건축가들과 계획가들이 해야
할 일은 도시 전체를 일거에 개조하는 꿈을 꾸는 것이 아니라
'도시적 장치'를 만드는 일일 것이다.

우노꼬레 & 부산오페라 하우스:
도시의 등대 Urban Beacon

시장의 형성과 변천의 역사는 도시의 그것만큼이나 흥미롭다. 피상적으로 관찰되는 모습 뒤에 사회, 경제적인 필연성들이 숨겨져 있기 때문이다. 서울의 대표적인 남대문시장과 동대문시장의 성쇠의 배경에도 누구도 상상하지 못할 다이내믹한 스토리가 있다. 구한말까지만 해도 두 시장은 비교의 대상조차 되지 못했다.

남대문시장은 조선 태종 시대로까지 거슬러 올라가는 긴 역사를 가지는 반면 동대문시장은 1905년 배우개시장으로 시작해 광장시장을 거쳐 60, 70년대 청계피복상가로 발전한 정도였다.[1] 동대문시장 쪽에 일찍이 피복류 시장이 들어선 이유는 지금 DDP로 변한 동대문운동장이 훈련도감, 산하 하도감 터였고 병사들이 월급으로 받는 피륙을 거래하면서 관련 시장이 생겼다는 설이 가장 유력하다.

다른 상품은 물론이고 의류에 관해서도 적어도 1990년대까지는 동대문은 남대문의 적수가 되지 못했다. 전국의 소비자들과 소매상인들은 동대문에서는 원부자재 정도만 구입할 뿐이고 완제품은 전부 남대문에서 구매했다. 그러던 어느 해 남대문시장에서 잘 나가는 젊은 상인 몇이서 신천지를 열 꿈을 가지고 동대문으로 진출하는데 이것이 지금의 동대문을 만든 시발이다.

---

01 평화시장은 한국전쟁 이후 청계천변 판잣집에서 이북 피난민들이 의류 수선을 하던 시절부터 유래했다. 판잣촌 철거와 함께 1962년 천변으로 상가가 들어서고 영세 의류제조업 공장이 생겨나는데 70년 전태일 분신사건의 배경이 될 만큼 열악한 조건이었다. 이후 이 가내수공업 형태의 의류 제조업은 창신동 쪽으로 이동한다.

우노꼬레 야경.

우노꼬레 정면도 배면도.

내가 1992년에 만난 건축주들이 바로 이 사람들이었다. 이들은 이미 '아트플라자'라는 곳에서 선풍적인 성공을 거두고 일대의 미개발지를 찾아 상가개발을 시작하려던 참이었다. 상권이라는 것이 그렇게 쉽게 이동하는 것이 아님에도 불구하고 이들이 동대문이 남대문을 이길 수 있다고 확신하는 데에는 그만한 이유가 있었다.

우리나라 의류시장은 새벽에 열린다. 영세한 옷가게는 대개 혼자 혹은 식구끼리 운영하므로 서울에 옷을 떼러오는 것은 밤 시간대에 가능했기 때문이다. 전국 방방곡곡에서 이들을 싣고 오는 전세버스는 남대문시장 근처의 남산길 등에서 대기해야 하는데 이것이 점점 힘들어지는 상황이었다.

이들이 주목한 것은 아직 동대문 근처에는 야간에 버스를 세워놓을 장소가 많다는 것이었다. 과연 이들의 예지력은 빛을 발했다.[2] 내가 설계한 '우노꼬레'를 필두로 밀리오레, 두산타워, 디자이너클럽, 굿모닝시티 등이 줄줄이 들어서 한국뿐 아니라 세계적인 의류 쇼핑 구역이 되었다.

내가 설계를 맡은 '우노꼬레'는 이 지역 최초의 고층 의류 쇼핑센터였다. 당초 인접한 혜양 엘리시움과 합동개발을 하는 것으로 시작되었으나 무산이 되어 권총 모양의 괴상한 대지가 주어졌다. 처음부터 주목했던 것은 야간에 개장하는 건물이니만큼 주경보다는 야경이 건물의 주된 모습을 만들어내야 한다는 것이었고 이 지역에 처음 들어서는 고층건물이니만큼 도시적인 질서를 받는 장치를 도입하여 향후 개발의 오리엔테이션을 제공해야 하겠다는 점이었다. 마침 대지의 긴 방향 축은 청계천의 축과 평행하게 놓여

---

02 이들은 이후 몇 개의 상가개발을 더 성공시켰으나 지나친 욕심을 부리다가 결국 영어의 신세가 되었다는 소식을 들었다.

있었다. 그래서 건물 상부에 청계고가 축과 같이 놓일 수 있는 빛나는 구름 lightened cloud을 계획했다.

철골로 배의 용골과 같은 구조물을 만들어 옥상에 설치했다. 이 구조물은 도로사선제한에 의해 계단식으로 잘려야 하는 상부매스의 어색한 부분을 가려줄 스크린이기도 했다. 여기에 백색을 칠하고 조명을 쏘니 하얀 구름이 부유하는 느낌을 얻을 수 있었다.

이 건물 이후 옥상에 철골 구조체를 올리고 조명으로 탑의 머리효과를 내는 방식은 한동안 한국건축의 유행이 된다. 시공 중에 건축주가 바뀌어 이것을 없애자는 제안을 받았지만 단호하게 거절했다. 도시의 장치를 사적 소유자들이 얼마나 지켜내나 보고 있었지만 얼마 전 결국 잘라냈다.

2011년 국제현상 공모로 발주된 부산 오페라하우스는 부산의 북항 재개발 프로젝트[3]의 일환이다. 부산은 해안가까지 산맥이 뻗어 내려와 해변의 평지가 거의 없는 특이한 지형이다. 대상지는 부산만을 둘러싼 영도와 감만동 부근뿐 아니라 산자락에 올라서 있는 초량동, 수정동 어느 곳에서도 볼 수 있는 말하자면 부산 구도심의 초점 같은 장소였다.

이 오페라하우스의 형태인 큐브는 이러한 맥락을 고려하여 결정된 것이다. 큐브의 자기완결성과 자기중심성, 어느 방향에서 보아도 대칭적인 성격이 부산의 시각적 초점인 이 장소에 가장 적합한 매스라고 보았다. 오페라하

---

03 부산 북항은 부산시의 구도심과 바다 사이에 위치하여 부산역과 함께 부산시가 바다로 열려 있는 도시가 되지 못하게 하는 일종의 장벽 노릇을 하고 있었다. 컨테이너 부두가 가덕도 신항만으로 옮겨감에 따라 이 항구 터는 부산의 새로운 워터프런트가 될 기회를 얻었으며 이 계획 가운데 인공섬에 놓일 시설이 오페라하우스이다. 나는 이미 북항 재개발 프로젝트에 오래전부터 관여하고 있어 이 자리에 익숙한 터이었다.

부산 오페라하우스 정면도.

우스를 위한 기능적인 실들은 큐브를 이루는 반 투명막 속에 컨테이너 형태로 적층하여 이곳의 장소성을 되새기는 역할을 기대했다.

바다에서 보면 이 큐브는 두 개의 큐브로 모습을 바꾼다. 하부를 들어 올려 공중에 큐브가 떠있기 때문에 물에 비친 역상과 함께 둘로 보이는 것이다. 이 이중성은 오페라를 포함한 예술에 대한 건축적 메타포이다. 무릇 예술이란 이성적인 판단을 중지하고 허구와 사실, 가상과 현실의 경계를 넘나들며 더 큰 깨달음과 정화를 경험하는 것이 아니던가? 지상의 진짜 큐브와 물에 비친 가상의 큐브는 쌍이 되어 일상에서 벗어나 오페라의 세계로 들어오려는 사람들에게 비일상적인 시각적 경험을 제공할 터이었다.

큐브 외피의 재료로 쓰인 반투명막 또한 내부공간과 외부공간의 경계면을 번지게 하여[4] 이 이중성을 강화하고자 했다. 언젠가 '물속의 달'에 대한 구절을 읽은 것이 생각났다. 찾아보니 "心本性者水中月"(『大寶積經』)이었다. 하늘의 달은 하나이되 그것을 보는 사람의 마음에 따라 다르게 보는 것은 물에 비친 달과 같다는 뜻이겠다. 예술 수용의 주체성을 말하는 것과 크게 다르지 않을 듯했다.

결과는 가작Honorable Mention이었다. 본선에는 못 갔다. 노르웨이 스노헤타Snohetta의 안이 선정되어 지금 진행 중인 것 같다.

---

04 표피를 blur 시키기 위해 수평으로 된 침을 촘촘히 꽂아 외피를 만들었다.

도시적 장치
Urban Installation

국립 아시아 문화전당:
제 8대륙 8th Plateau

내가 광주민주항쟁을 접한 것은 대학교 3학년 때이다. 10.26 이후 최초의 학외 집회이자 결국은 마지막이 되었던 5월 15일 서울역 광장에서의 회군 이후 숨을 고르던 차였다. 18일 아침 전국으로 비상계엄이 확대되었다는 소식에 몇몇이 모여 수군대고 있었다. 누군가가 외신이 광주에서 시가전이 벌어지고 있다고 전한다는 얘기를 했다. 우리 세대 누구나와 마찬가지로 나 역시 1980년 5월을 기점으로 전후가 나뉜다. 국가가 국민을 죽인다는 것은 그때까지 먼 나라 일이거나 전쟁 때의 일이었다.

야학도 했고 학보사 기자도 했지만 진짜 언더서클에 들어가서 본격적인 투쟁의 길을 가기에는 겁이 많았던 얼치기 운동권인 내게도 오월 광주는 낭만적인 민주화의 사안이 아니라 어느 편에 설 것인가를 엄숙하게 묻는 물음이었다. 사실 많은 학우들이 그때 학교를 그만두고 공장으로 갔다. 남아있는 자들도 죽지 못해 사는 나날들이었다.

그때 나는 건축을 포기했다. 이 상황에서 가진 자들의 저택이나 인정 못할 국가의 청사를 설계하는 것을 업으로 가진다는 것은 상상할 수 없는 일이었다. 학교 떠날 형편은 되지 못했으므로 건축 대신 도시로 방향을 잡았다. 들여다보니 과연 도시문제야 말로 계급모순의 응축이었다.[5]

---

05 건축 이론에는 좌파 이론이라는 것이 특별하게 없다. 러시아 구성주의나 소비에트 건축 이론에서 기미를 찾을 수 있으나 건축은 원칙적으로 선전의 도구이기에는 너무도 추상적이기 때문이다. 반면 도시 이론에서는 확연히 전선이 갈린다. 전통적인 논리실증주의 지리학에 기반한 기능주의적 도시이론에 대해 마르크스주의에 기초한 좌파 도시이론은 도시를 자본이 축적과 재생산을 실현하는 장소라고 보면서 제반 도시문제를 설명한다.

졸업설계 주제도 도시문제로 하고 마음 맞는 친구들과 새로 생긴 도시학과 대학원에 가기로 했다. 이론적으로 무장하여 제정구 선생처럼 도시빈민 운동에 투신하는 것도 생각했고 그때 접했던 하비, 카스텔 같은 좌파 도시이론가를 꿈꾸기도 했다.

대학원에 같이 가기로 했던 친구들은 집안의 권고로 이탈했다. 자포자기 심정으로 건설회사에 들어갔고 혹독한 병마와 더불어 또 다른 방황을 한동안 겪었다. 89년 민주화 과정에서 원대 복귀했다. '청건협'이라는 건축운동 단체도 결성하고 '민예총' 활동에도 열심히 참여했다. 그들 모두가 5월 광주가 존재변이하게 된 시발이었다.

광주항쟁도 이 사이에 복권되고 있었다. 1993년 김영삼 정부가 5.18을 재해석하면서 광주를 중심으로 5.18 기념사업이 추진된다. 이 과정에서 마지막 항쟁지였던 전남도청을 보존해 기념사업 영역화를 하자는 논의가 이루어지며 이 결과로 이곳에 '아시아 문화전당'을 건립하는 계획이 수립된다. 2005년 국제 현상설계공모전으로 이 사업은 발주된다.

나는 막 '건원건축'에서 디자인 총괄로 일하고 있을 때였다. 자못 감개가 무량했다. '5.18'이라는 말을 꺼낼 때 주변을 둘러보고, '광주'라는 말만 들어도 불에 덴 듯 움찔했었던 시절이 엊그제였기 때문이다. 이 한맺힌 장소를 '문화'를 통해 승화시키겠다는 광주 사람들의 논의와 결정에 가슴이 먹먹해졌다.

광주가 왜 아시아의 문화 중심이어야 하는지는 긴 설명이 필요없다. 그것은 광주가 아시아 각국 중에서도 가장 온전하게 문화적인 진정성cultural authenticity을 보존하고 있어서이기도 하지만, 5.18이 이식된 민주화를 넘어 민족해방을 진정으로 이루어낸 결정적인 사건이라고 본다면 이야말로 금세기

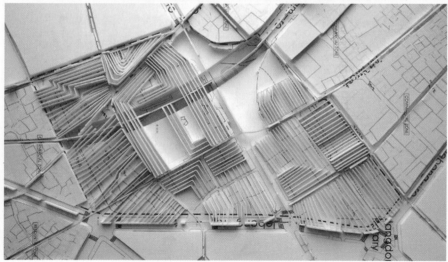

위_국립 아시아 문화 전당.
아래_도시구조를 읽기 위한 모형.

아시아가 추구해온 보편적 가치를 구현한 일이기 때문이다.

그리고 5.18이 다른 곳이 아닌 광주에서 일어난 것도 광주의 문화적 힘과 문화가 만들어낸 공동체성이 있었기 때문이 아닌가. 결국 5.18의 계기성과 광주와 아시아가 함께 나누고 있는 아시아적 문화의 보편성을 아울러 담아내는 것이 이 설계의 과제였다.

5.18의 깊은 슬픔에 땅이 꺼지게 만드는 것이 나의 개념이다. 그러나 그냥 꺼지는 것이 아니라 꺼지는 땅의 반대편은 오히려 솟는다. 슬픔으로 하여 새로 솟는 희망. 슬픔을 용서로 치환하고 잃음으로 미래를 열게 하는 힘이 문화라고 해석했다. 대지 전체로 이루어진 판Plate은 4.8° 기울어져 있다. 이 기울기는 5월 18일 오전 10시[6]의 태양 고도이다. 매년 이 시간 이 판에 선 사람은 새로운 지평선 위로 일출을 보게 된다.

이 두꺼운 판은 대지 주변의 도로들의 연장선에 의해 잘게 나누어진다. 그리고 각각의 조각들은 보이드로 만들어지거나 솔리드로 채워진다. 이렇게 함으로써 광주의 도시구조의 특성이 이 새로운 대지[7]에도 반복되어 나타나게 되고 일상적이고 익숙한 도시 패턴 사이에서 비일상적인 문화공간이 등장하게 만들었다.

보이드의 켜는 세 층으로 구성된다. 최상부의 기울어진 지붕 층은 고원Plateau 층으로 완전히 비워져 있으며 하부로 진입하는 입구만 비석처럼 서 있다. 그 다음 층은 광장Plaza 레벨로서 광장과 골짜기들로 이루어져 주된 통

---

06 이 시간은 전남대생들이 학교 앞에서 데모를 시작한 시간이다.

07 이 기울어진 판을 제 8의 대륙(8th Plateau)이라 이름 붙였다. 기존의 6대륙에 더해 7의 대륙은 독자적인 생태계를 가진 열대우림의 상부 층을 일컫는다. 이에 더해 우리는 8대륙은 문화로 연결된 새로운 대륙을 의미하려 했다.

행로가 펼쳐진다. 마지막 층은 파티오 Patio 레벨로서 각 프로그램에 부속된 외부공간이자 통로들을 네트워킹하는 공간들이다.

　　김경란이라는 여인이 광주 도시구조를 면밀히 읽고 광주 도시 패브릭이 재생된 듯한 새로운 지도제작법을 선보였다. 광주 출신의 그녀는 나중에 내가 주례까지 서준 탁월한 디자이너이다. 거의 사명감에 가까운 열정으로 제출했지만 결과는 또 가작이었다. 재미 건축가 우규승 선생의 '빛의 숲'이 당선작이 되었다. 우 선생의 작업 역시 우리처럼 모든 시설을 지하에 넣었다.

국립현대미술관 서울관:
우물 the Well

소격동에 있는 국립현대미술관 터는 미술관이 지어지기 전에는 기무사령부가 쓰고 있었고 그 이전에는 국군 수도통합병원이 있었다. 10.26 때 박정희 대통령이 운명한 곳이 여기이다. 더 거슬러 올라가면 서울의대 부속병원, 일제강점기에는 경성역전, 수도 육군병원이 있었고 조선시대에는 소격서, 종친부, 규장각, 사간원이 있었다 한다. 1933년 지어진 경성의전 진료소로 지어진 본관 건물은 등록문화재이고 종친부 건물 역시 서울시 유형문화재이다. 이 어려운 곳에 현대미술관 분원을 짓기로 하고 현상설계공모가 발표되었다.

이런 복잡하고 으스스한 장소를 시민의 품으로 돌려 미술관으로 만들자는 논의는 오래 전부터 있었으나 이명박 정부 때 본격화된다. 사실 우리나라의 국립현대미술관은 입지부터가 문제였다. 과천 어린이대공원 안에 있어서 접근성이 나쁜 것은 물론 대개의 외국 근현대 미술관처럼 주위의 아트 관련 생태계와 더불어 있지를 않아 더욱 외톨이 신세였다. 미술관이면 전시에 관심 있는 사람들이 찾아가면 그뿐이라고 생각했던 군사독재정권의 무식이 만들어낸 결과이다.

미술관은 단지 전시만 하는 곳이 아니다. 전시는 수많은 기능 중 하나일 뿐이고 수장, 교육, 나아가서 예술 생태계의 허브 역할도 해야 한다. 더구나 현대 예술에서 미술관은 이미 제작된 예술품을 담는 장소의 개념을 넘어서 그 자체가 예술에 의해 담기는 공간이어야 하며 예술창작에 참여하고 영감을 주는 공간이어야 한다는 것이 최근의 논의들이다. 예를 들어 테이트모던Tate Modern에서 열린 적 있는 올라퍼 엘리아슨Ólafur Elíasson의 '웨더 프로젝트'Weather Project는 이 미술관의 메인 전시장인 옛 터빈 홀의 공간에서 영감

올라퍼 엘리아슨의 '웨더 프로젝트', 테이트모던.

세계 최대의 조각 마르시아스.

을 얻은 작품이다. 이밖에도 크리스토와 클로드Christo & Jeanne-Claude의 '천으로 감은 국회의사당'Wrapped Reichstag[8] 같은 작품을 보면 현대예술의 대상은 모든 것이다.

국립현대미술관의 한해 작품 구입 예산은 31억 원이다. 뉴욕현대미술관MoMA 연간 수집 예산이 339억 원이니 1/10이다. 그렇다면 국립현대미술관은 컬렉션으로 승부하기는 애당초 어렵다. 그렇다면 어떻게 해야 하나? 그래서 나는 Wiki-Museum, One mile-Museum의 개념을 제안했다. 즉 예술 공급자와 소비자가 더 이상 분리되지 않는 미술관, 북촌 일대가 공간적 범위가 되는 미술관이 되자는 것이었다.

600년 역사의 서울 구도심, 그중에서도 북촌은 문화적 자산의 보고이다. 또한 수많은 갤러리들과 공방들이 생태계를 형성하고 있다. 여기에서 생성되는 모든 예술생산의 거점이 되게 함과 동시에 시민 모두가 예술 생산-소비자pro-sumer가 되게 하여 컬렉션 부족의 약점을 극복하자는 것이었다.

이를 위해서 미술관은 전통적인 갤러리 위주의 전시관 형태가 아닌 Zero-Museum이 되어야 한다고 제안했다. 즉 예술품들로 채워진 미술관이 아니라 무한한 가능성에 대해 열려 있는 빈 공간이 되어야 한다는 뜻이다. 그래서 대규모의 우물공간을 계획했다. 여기는 북촌의 예술적 기운이 흘러드는 유수지로, 시민들의 자발적 이벤트가 담기는 광장으로, 예술가들에게 무한한 상상력을 일으키는 장치가 될 것이었다.

실제로 테이트모던의 대공간에는 그 공간이 아니면 연출할 수 없는 작품들이 전시된다. 조각가 아니쉬 카푸어Anish Kapoor와 구조디자이너 세실

---

08 1995년 베를린 제국의회 의사당 리모델링 직전 건물 전체를 천으로 쌌던 설치미술.

발몽드Cecil Balmond가 같이 제작한 150미터 길이의 마르시아스Marsyas는 세계 최대의 조각품이다.

나는 현대미술관을 모든 나라가 가지고 있으므로 우리도 가져야 한다는 논리에 반대하기 위해 이 계획안을 만들었다. 현대미술은 우리에게는 예컨대 서양식 파티 의상 같은 것이다. 아무리 격식 갖추어 입어도 연미복과 드레스는 우리에게는 때깔이 나지 않는다.

근대도 제대로 겪지 않은 나라에서 현대라니, 선진국의 시골 도시 미술관만큼도 내놓을 거리가 없는 우리의 현대미술관은 억지춘향 미술품의 전시공간이 아니라 현대적 예술이 현재적으로 생성될 수 있는 장소이어야 한다는 주장을 하고 싶었다.

결과는 예상대로였다. 예선에도 들지 못했다. 나는 '현대'에 방점을 찍었는데 추려진 작품들은 '미술관'에 방점을 찍은 것들이었다. 나는 미술관의 '도시적 확장'을 말했지만 그것들은 '도시적 어울림'에 의해 선택된 듯했다. 그중 민현준 교수의 안이 마지막으로 채택되어 준공까지 마쳤다.

신문에는 여전히 컬렉션 때문에 미술관 측이 골치를 앓고 있다고 보도되고 있다. 퐁피두 미술관은 건물으로라도 세계의 주목을 받았는데 북촌의 자글자글한 도시 컨텍스트와 잘 어울리는 이 신축 미술관에 주목하는 언론들은 별로 없다.

국립현대미술관 서울관 투시도와 조감도.

도시는 생명체다

도시는 생명체다. 유기체처럼 생로병사도 있고 환골탈태도 있다. 유기체의 구성단위가 세포라면 도시의 그것은 건축이다. 사람의 세포 수명은 뇌나 심장처럼 몇 십 년짜리도 있지만 대개는 한 달 남짓이다. 내 팔뚝의 피부 조직은 3주 전에 먹은 삼겹살이 재료라는 얘기다.

그런데 어렸을 때 생긴 흉터는 왜 그대로일까? 변경된 설계도에 따라 새 세포일지라도 옛 흉터로 조립되기 때문이다. 도시도 마찬가지다. 세포에 해당되는 건축물들이 끊임없이 새롭게 생성되더라도 전체적인 도시의 틀은 그대로 유지되고 있어야 좋은 도시라고 불릴 수 있다. 그렇지 않다면 그곳은 도시라기보다는 대지垈地의 집합이라 불러야 옳다.

그래서 같은 의미로 읽기 쉬운 '공간Space'과 '장소Place'를 굳이 구분하려는 것이다. 이 쌍 개념에서 '공간'은 수학적 의미가 강하다. 인문적인 배경과 지리적인 함축을 모두 제외하고 오로지 땅의 물리적인 성질에만 관심을 둔다. 예컨대 면적, 지형, 토질, 교통 여건, 인구 따위이다.

이탈리아 시에나 캄포광장.

루카의 로마 원형극장 터.

도시적 장치
Urban Installation

반면 이 땅을 '장소'로 볼 때는 얘기가 다르다. 그곳에 씨줄, 날줄로 얽혀 있는 사람들의 기억과 역사가 물리적인 조건보다 어쩌면 더 중요한 항목이 된다. 타지인들이 보기에는 복잡한 미로에 지나지 않아 보이는 골목길들이 살던 사람에게는 어린 시절의 모든 기억이 스며 있는 보물이다. 오래된 성황당, 당나무 주위의 마을 마당, 개울가의 빨래터와 재래시장 다 마찬가지다.

중부 이탈리아 도시 시에나Siena의 구도심 한복판에 있는 캄포광장Piazza del Campo에서는 일 년에 두 번 팔리오Palio라는 말 경주가 열린다. 인근 열일곱 개 구역Contrade의 대표주자들이 서로 겨루는 이 경마 시합은 이제는 세계적인 관광거리가 되었지만 시작된 13세기에는 각 구역의 정체성을 보존하면서도 전체의 화합을 다지는 축제였을 것이다.

근처의 작은 도시 루카Lucca의 항공사진을 보면 도시 한가운데에 로마시대 원형극장amphitheater 터가 아직도 남아 있다. 그 원형 터를 둘러싸는 건물은 수없이 고쳐지어졌지만 원형의 터는 마치 흉터처럼 없어지지 않고 남아 있다. 이처럼 제대로 된 도시의 '장소'는 단순한 공간이 아니라 역사가 보존되고 문화가 작동하게 하는 일종의 소프트/하드웨어이다.

반면 1970년대에 건설된 반포아파트를 보자. 모든 동의 모습과 동 사이의 오픈스페이스는 균질하다. 숫자로만 내가 사는 곳을 찾을 수 있다. 땅을 오직 '공간'으로만 읽은 결과물이다. 여기뿐 아니라 여의도, 잠실, 압구정동 등 이 시대 지어진 아파트단지는 모두 '병영의 막사'이다.

이 같은 계획의 배경에는 근대주의 도시 이론이 자리하고 있다. 이들에 따르면 이상적인 도시 모델은 설정된 목표인 가장 효율적인 도시적 기능을 성취하기 위해 일관된 프로세스를 통해 얻어진다. 엄격한 기하학에 근거한 동질한 공간 안에 기능들을 잘 배분하는 것이 관건이 된다. 에베네제 하워드의 전원도시에서 시작해서 토니 가르니에의 공업도시, 산텔레아의 신도시, 르 코르뷔지에의 빛나는 도시, 루드비히 힐버자이머의 기계도시 이론까지가 이 계열이다.[9]

반포아파트 추첨 경쟁률은 5.6 대 1이었다 한다. 우리는 병영막사라도 감지덕지하던 그때 서구에서는 근대주의 도시이론에 대한 비판이 거세게 불었다. 케빈 린치가 가장 먼저 깃발을 들었다. 그는 도시를 계획가나 건축가가 아닌 사용자의 입장에서 볼 것을 주장한다.

근대주의자들이 훈육선생처럼 기능, 위생, 질서를 가르치려 들었다면 린치는 도시에서 중요한 것은 도시의 시각적 이미지와 쉽게 인지할 수 있는 가시성legibility이라고 주장한다. 다시 말해 기능이야 고쳐가며 적응할 수 있는 것이지만 오랜 기간 정착된 도시의 정체성과 도시의 이미지는 대체 불가능한 것이라는 뜻이다. 시에나와 루카를 보면 이해되는 대목이다.

이어서 알도 로시, 콜린 로우, 레온 크리에, O.M. 웅거스 등이 뒤를 이어 도시의 역사적 연속성을 강조하기 시작했다. 이들에게 도시의 문제는 기

---

09 미쉘 푸코는 서양의 공간 개념의 변화는 세 단계로 변천되어 왔다고 본다. 먼저 중세의 공간은 성과 속, 도시와 농촌이 대립하는 위계와 대조를 보이는데 이를 '국지화된 공간'이라 부른다. 데카르트, 뉴톤의 과학혁명 이후의 공간은 수학적으로 무한히 연장될 뿐 아니라 각 지점은 동질하고 공간 전체는 균질하다고 본다. 근대건축의 공간개념 또한 이에 근거한다. 세 번째는 계열과 망(network)의 관계로 이루어진 '배열의 공간'이다. 이장에 소개되는 이론들은 정인하 교수의 공부에 힘입은 바 크다. (정인하, 현대 도시이론과 언어담론의 상관관계에 대한 연구, 2003)

도시적 장치
Urban Installation

능의 과학적 분석과 합리적인 계획으로 일거에 해결될 수 있는 것이 아님을 주장한다. 오히려 어떤 도시를 그 도시답게 만드는 일종의 규칙을 찾아 그것을 새롭게 이식함으로써 점진적인 도시 발전을 꾀해야 한다는 것이었다.

이른바 유형학Typology을 이용한 건축 및 도시이론들의 등장이다. '공간'을 대체하는 '장소'에 대한 논의도 이들에 의해서이다. 동질한 '공간' 안에 추상적인 형태를 반복해 채워넣는 근대의 방식 대신 각각 특이한 '장소'들에 기억과 의미를 연결시키는 것이 건축가, 계획가들이 해야 할 일이라고 말하였다.[10]

그러나 포괄적으로 포스트 모더니즘적인 도시이론가라 칭해야 할 이들의 논의는 한마디로 '분석은 옳은데 대안이 없다.' 예컨대 콜린 로우는 '꼴라쥬 시티'에서 전통도시의 흔적과 현대도시의 조직들이 서로 인정하면서 공존할 것을 제안한다. '꼴라쥬'와 '충돌' 같은 구성전략이 필요하다는 것이다. 그런데 이 당연한 말씀이 어떻게 대안일 수 있는가? 지금도 북촌에서는 한옥을 보존하겠다는 시당국과 빌라로 재건축하겠다는 주민이 '충돌'해서 '꼴라쥬'를 만들고 있다. 근대주의자들의 '계획'[11]에 반대한다는 입장이면서도 또 다른 '계획=전략'을 말하는 자기모순이다.

---

10 근대주의자들의 공간론과 낙관적 역사관은 분명 헤겔의 역사발전에 대한 믿음에 기대고 있다. 반면 장소주의자들은 하이데거의 실존적 공간관에서 근거를 가져오고 있다. 예컨대 하이데거의 장소 개념으로 건축을 해석하는 노베르크 슐츠는 "건물의 실존적 목적은 대상지를 장소로 만드는 것"이라 말한다.

11 포스트 모더니스트들의 주된 비판의 대상 중 하나가 '계획(plan)'에 관한 것이다. '계획'이란 유토피아적 이상을 바탕으로 합리적 계산에 의해 가능한 것인 바, '유토피아'도 '합리성'도 신뢰할 수 없다는 것이다.

알도 로시를 비롯한 '맥락주의' 또한 마찬가지다. 이들의 주장은 역사적 도시에서 보이는 이상과 현실과의 충돌의 흔적을 유형화하여 현금의 계획에 반영하자는 것인데, 과연 그 오랜 기간 충돌해온 흔적을 어떻게 짧은 시간 안에 재현해서 유형으로 만들 수 있겠는가? 결국 1990년대가 넘어가면서 이들의 논의는 별반 영향력 있는 성과를 거두지 못하고 논의로 끝났다. 포스트모더니즘 건축과 마찬가지로 포스트모더니즘 도시이론 역시 모더니즘에 대한 훌륭한 '비평'이었을지언정 '탈출구'는 아니었던 것이다.

반포아파트는 이제 수명이 다해 재건축될 것이다. 그리고 새로 지어질 모습은 절대로 지금의 줄맞추어 서 있는 식은 아닐 것이다. 그동안의 근대주의에 대한 수많은 비판을 수용하여 동들은 서로 다른 모양이 될 것이며 골목길 같은 회랑도 만들어지고 커뮤니티 마당도 만들어질 것이다.

그럼에도 불구하고 그것은 근대건축의 연장선상에 있는 집합주거이지 새 시대의 도시, 건축은 아니다. 왜냐하면 철근콘크리트로 된 고층주거이고 자동차 기반의 도시이며 가장 기능적이고 합리적으로 계획될 것이기 때문이다.

근대주의자들은 도시를 통해 유토피아를 구현하고자 했다. 당시로 보면 그럴 만했다. 기계문명 시대의 혁명적인 변화를 구시대 틀로는 도저히 담을 수 없었기 때문이다. 그러나 이 기세등등은 문화유산을 부수고 도시를 냉혹한 삶터로 만드는 등의 수많은 부작용을 낳은 끝에 포스트근대주의에 의해 제동이 걸린다. 그렇다고 근대주의가 실현한 주거의 양적 충족, 합리성에 기반한 도시시스템의 시작이 폄훼되어서는 안 될 것이다.

도시는 거듭 말하거니와 생명체이다. 교감신경과 부교감신경이 길항작용을 하여 생체평형을 이루듯 과한 것이 지나치게 과해지지 않도록 스스로 균형을 맞춘다. 근대건축을 비롯한 역사상 수없는 형식이 그 세포들을 치환해 나가더라도 근본인 정체성과 생명력은 손상당하지 않는다. 굳이 계획적으로 충돌시키지 않아도 그 안에서는 수많은 충돌이 일어나고 그것은 흉터로 또한 남게 된다.

이 장엄한 도시의 생명력 앞에서 우리 건축가들과 계획가들이 해야 할 일은 도시 전체를 일거에 개조하는 꿈을 꾸는 것이 아니라 '도시적 장치 Urban Installation'를 만드는 일일 것이다. 도시의 다른 이미지들과 하나의 구조를 이루어 의미를 전달할 수 있는 '장소'를 만들거나 이 도시를 이 도시답게 만드는 '오브제'를 세우는 일 말이다.

이 말의 뜻은 건축가는 도시에 대해 할 일이 없다는 의미가 아니다. 오히려 다른 방식으로 도시에 개입해야 한다고 말하려는 것이다. 즉 '계획'의 방법이 아닌 '미화'의 방법[12]을 쓰자는 것이다. '계획'의 방법은 근대주의의 방식이든 탈근대주의의 그것이든 도시가 이성의 범위 안에 포획될 수 있음을 전제로 한다. 그러나 도시 특히 현대도시는 그 범위를 이미 넘어섰다. 그것은 프랑켄슈타인처럼 자율적인 재생산을 한다.

이 상황에서 그 어떤 '계획'일지라도 또 다른 '반계획'의 결과를 가져오지 않는다는 보장은 없다고 본다. 여기에서 필요한 것은 여전히 도시생장

---

12 19세기의 '도시미화운동(City Beautiful Movement)'을 염두에 두는 것은 아니다. 다만 이 운동에 담겨있던 사회의 도덕적 개선을 아우르는 환경개선의 철학은 우리의 개발위주 패러다임의 청산에 참조가 될 것이다.

의 전 과정을 제어할 수 있다는 자신감을 전제로 하는 '계획'과 '개발'의 논리가 아니다. 오히려 도시와 인간이 공생하는 것을 전제로 하는 '미화'와 '지속가능성'에 대한 담론과 실천이 필요하다고 본다.

수술을 하는 것과 면역력을 증가시켜 병을 쫓는 방법은 목적은 같되 방식이 다르다. 이 시대는 특히 우리의 도시처럼 하도 수술을 해대서 성한 곳이 얼마 남지 않은 곳에서는 더 이상의 계획과 이에 의한 수술은 안 된다. 오히려 필요한 것은 효소^{catalyst} 같은 것들이다. 기왕의 도시 생명력이 작동되되 선한 방향의 순환으로 일어나도록 돕는 기제 말이다. 이것이 내가 말하는 도시적 장치이다.

건축가가 도시를 의식하지 아니한 채 건축하는 사람이 어디 있으랴만, 건축 스스로의 완결성보다는 도시에서의 선한 역할을 하도록 건축이 자리를 물리는 것이 어느 때보다 덕이 되는 시대이다. 나의 앞의 4개의 작업은 건축가의 조형의지를 도시적 질서에 대해 종속시키고자 나름대로 고민하며 수행한 것들이다.

2

그리드와 쿼드

Grid & Quad

내게 공공건축은 입방체, 도시는 그리드가 시작이다.

이는 나와 스태프들에게 "우리는 지금 공공의 일을 하고 있다.

나는 이 일을 함에 있어 나의 에고를 접는다."는 선서 같은 것이다.

그리드가 지루하다면 맨해튼이 세상에서 가장 지루한 도시이어야 맞다.

뛰어난 건축가라면 가장 지루한 기하학에서

가장 화려한 것을 만들 수 있어야 한다.

세종시 M2 블록:
정방 그리드 Square Grid

대한민국 건축 중에서 세계에 내놓을만한 건축이 있기는 있다. '아파트'다. 김봉렬 교수의 이 진단은 나름 옳은 구석이 많이 있다. 이 시대에 건축이 별거냐는 시니시즘이 깔려 있기도 하지만, 아파트야말로 우리나라가 지난 반세기 가량 심혈을 기울여 발전시킨 한국건축을 대표하는 아이템이다.

국가주도의 도시개발에 가장 유용한 도구이기도 했거니와 한국 주부들의 까다로운 취향에 부응하는 과정에서 세계 어디에서도 볼 수 없는 완벽하고 고급스러운 주거기계가 되었다. 그럼에도 아파트에 산다는 것은 사람답게 살지 못하는 것이라는 꼬리표가 붙어 다닌다. 왜 그럴까. 아파트 특유의 폐쇄적이고 이기적인 공간 배열 때문이다. 요컨대 내 식구에게는 더없이 좋으나 이웃과 더불어 살기에는 최악의 장소라는 것이다.

이것이 아파트가 가지는 양면성이다. 그리고 우리는 그간 이를 내심 반기면서 살아왔다. 폐쇄적이라 함은 다른 뜻으로는 철저히 프라이버시와 안전이 확보된다는 면에서 장점이기도 하다. 또한 이기적이라 하지만 이는 익명성이 확보된다는 측면에서 번잡한 도시에서 원치 않는 교류를 회피할 구실이 되기도 한다. 더욱이 규격화된 아파트는 환금성 면에 있어서도 뛰어나다. 주거의 최우선 가치 중 하나가 부동산을 통한 재산증식이었던 우리로서는 양보할 수 없는 덕목이다.

그러나 2000년대로 진입하여 주거에 대한 시민들의 의식이 바뀌어가면서 아파트의 획일성과 비인간적인 환경에 대한 비판도 날로 거세진다. 민간 아파트업체는 지상에 차를 없애고 녹지로 바꾸었다는 둥, 커뮤니티 시설을 대폭 확충하여 공동체 생활을 풍요롭게 했다는 둥의 선전으로 과거와는

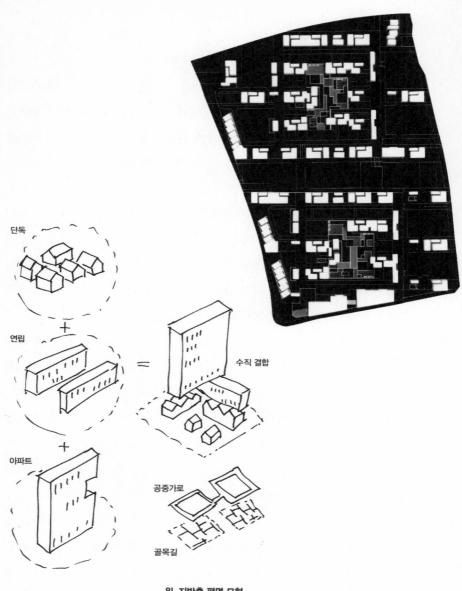

단독

\+

연립

\+

아파트

\=

수직 결합

공중가로

골목길

위_지반층 평면 모형.
아래_개념 스케치.

다른 상품성을 돋보이려는 노력을 한다. 공공에서도 주민 공동시설에 대한 관심을 높이고 생활가로[1] 개념이나 특성화된 외부 공간 도입을 통해 변화된 요구에 대응하려는 노력을 보인다.

그러나 근본적인 한계는 극복하지 못한다. 왜냐하면 아파트는 기본적으로 세대가 수직으로 적층된 집합이기 때문이다. 고층의 동과 동 사이는 그 높이만큼 띄워야 하므로[2] 단독주택지에서의 골목이나 저층 주거지에서 보는 휴먼 스케일의 마당이 만들어질 수 없다.

골목길은 단순하게 좁은 길이 아니다. 각 주호의 대문과 연결되어 있어 그 집들의 연장이다. 이곳은 아이들의 놀이터도 되고 할머니들의 마실터도 되며 아낙네들이 김장을 같이하는 마당이 되기도 한다. 그 길에 매달린 구멍가게와 복덕방 또한 일종의 사랑방 역할을 한다. 이러한 공간의 질을 아파트는 도저히 만들어낼 수 없다. 일상적 공간이 없으니 일상적 커뮤니티도 없는 것이다.

2013년 LH공사는 아파트 건설 50주년을 기념하는 야심찬 주택단지 공모를 내었다. 대상지는 세종시에 있는 M2 블럭이었다. 획일적 주거 공간, 이웃과 단절된 외부 공간 등의 문제점에 대한 해법이 제시되기를 원한다는 지침에는 기존 법규들을 상당부분 초월해도 된다는 단서도 달려 있었다. 간만에 해볼 만한 현상설계다 싶어 주대관, 고성호, 신승수 등과 팀을 꾸렸다.

내가 첫 미팅에서 제안한 개념은 아파트의 근본적인 한계인 수직적인

---

01   대중교통과 연계되는 단지 간의 도로에 상업시설, 복지시설, 공용시설을 배치하여 보행 친화적이며 공동체성 증대에 기여하려는 목적으로 조성된 가로.

02   일조환경을 확보하기 위해 동 사이 간격과 동의 높이는 1:1 정도여야 한다. 이 사이에는 주차장, 녹지, 어린이 놀이터, 주민시설들이 배치된다.

균일성homogeneity을 극복해보자는 것이었다. 지금까지 단독주택, 저층연립, 고층아파트가 유형적으로 분리되어 별개의 수평적 영역에 배치되는 식이었다면[3] 이들을 한 동으로 수직 결합하는 것이 왜 불가능하겠는가라는 것이었다. 그리고 전체를 엮는 프레임으로서 두 개의 스퀘어로 구성된 격자구조가 논의 끝에 채택되었다. 이 프레임은 2층 레벨에서 전 단지를 회유하는 보행 가로가 될 터이었다.

이 스퀘어의 안쪽은 단독주택들이 들어가서 단독주택지 특유의 골목길과 소규모 정원들을 만들게 하였다. 지하 1층에 놓일 단독주택은 듀플렉스 타입으로 아래층은 소규모 상점이나 알파룸[4]을 만들고 윗층에는 주거가 들어간다. 이어서 3층 레벨의 정사각형 모양 공용가로에는 연립주택이 매달린다.

저층 연립이니만큼 그에 해당하는 만큼의 오픈 스페이스를 가지면 될 터이므로 이 공용가로는 전체의 순환가로이면서 동시에 이들의 마당으로서의 역할도 한다. 마지막으로 아파트는 한쪽 발은 이 순환가로에 걸치고 다른 쪽은 단지 외곽에 놓이게 일렬로 배치했다. 이로써 단지 외주부로는 큰 규모의 외부공간도 형성이 된다.

이렇게 세 가지 유형이 수직으로 복합되면서 지금껏 아파트 단지에서 보지 못했던 세 가지 종류의 외부공간이 동시에 연출된다. 길로 말하자면 집 앞길에 해당하는 지층의 골목길과, 동네 길에 해당하는 클러스터를 형성하는 길, 그리고 마을길에 해당하는 순환가로의 길이다. 동시에 공간도

---

03 현행 법체계로는 단독주택, 연립주택, 아파트는 각각의 용지에만 지어질 수 있다. 드물게 한 단지 내에 연립과 아파트가 섞이는 경우도 있지만 영역은 분리되어야 했다.

04 알파 룸(α-room)이란 저층 주거 전면 가로변에 붙은 작은 방을 말하는데 작은 가게 혹은 취미실을 만들어 가로와 소통함으로써 커뮤니티성을 증대시키는데 기여하도록 한다.

patio-court-plaza 등 세 가지 위계의 오픈 스페이스로 구성되게 된다.

유례가 없는 계획안을 만든다는 기세가 너무도 세어서였든지 당선되지 못했다는 소식에 다들 망연자실했다. 당선작인 해안건축의 안도 고층과 저층을 복합해서 풀었다는 면에서는 같았으나 우리처럼 입체 복합이라는 도전적인 방향은 보여주지 않았기에 아쉬움이 더욱 컸다. 한편으로는 내가 스퀘어 그리드를 너무 강조해서 경직되어 보인 것이 요인이 아니었나 싶어 미안한 마음도 들었다. 그러나 그것은 어쩔 수 없는 나의 한계이다. 나는 대칭이 아닌 것에 대해서는 사랑이 느껴지지 않으니 말이다.

청주 대농부지 & 연세대 송도 캠퍼스:
어번 그리드 Urban Grid

앞에서 언급한 해안건축은 나의 숙적 중의 하나이다. 많은 설계경기에서 겨루어 일진일퇴를 했다. 청주의 대농부지 마스터플랜(2005)은 앞의 M2 블럭의 경우와는 반대로 나의 경직성이 그들의 유연성을 이긴 경우이다. 서청주의 대농공장 터는 상업지역으로 전환하는 대신 많은 부분을 도로와 공공용지로 기부체납하는 것이 조건이었다.

토지를 불하받은 ㈜신영개발은 내가 다니던 건원건축과 해안건축 등 유수한 대형 사무소를 초청해서 제한 설계경기를 개최했다. 민간 개발자인 신영의 입장으로는 당연히 토지의 이용가치가 극대화되는 방향의 계획을 원했지만 나는 거꾸로 접근했다. "토지 이용 계획을 승인받는 데 소요되는 시간을 최소화하는 것이 더 이익이다. 그러기 위해서는 오히려 공공성을 극대화해야 한다."

해안을 비롯한 대부분은 가치가 높은 내부 가로변의 길이를 최대화하기 위해 가로망을 곡선으로 만들었다. 반면 나는 직선 그리드로 전체를 무심하게 6토막을 내었다. 주변의 도시 구조가 격자 구조를 취하고 있으니 당연한 귀결이었다. 그리고 한가운데로 동서를 가로지르는 중앙 선형 공원을 만들어 공공용지로 내놓기를 제안했다. 또한 청주 구도심에서의 접근성이 가장 좋은 동북쪽 덩어리를 공공청사 부지로 할애할 것도 제안했다. 신영 측으로 보면 파견된 공무원이 그린 것으로 보았을 것이다. 모 아니면 도였다.

프리젠테이션 날이 왔다. 어찌 보면 초대형 특혜로 보일 수도 있는 사업이므로 공공성이 더욱 중요함을 역설했다. 또한 도시란 살아 움직이는 생물이므로 미래의 모든 변화에 대해 모두 예측할 수가 없는 만큼 가장 정형적인 도시 블록을 만들어 놓아야 어떤 경우에도 유연한 대처가 가능하며 격자 그리드야말로 그것임을 강조했다. 또한 6개의 슈퍼블럭쿼터라 이름하였다이 충분히 크기 때문에 이 안에서 융통성 있는 변형이 가능하므로 도시 틀은 흔들지 말자고 설득했다.

어쩐 이유인지 당선되었다. 나의 예견대로 현재 지웰시티로 이름이 바뀐 이 부지는 10년이 지났어도 개발이 절반도 이루어지지 못하고 있다. 만일 노른자위만 골라 선개발이 되었다면 나머지는 아예 못 쓸 땅으로 남았을 것이다. 4만 2,000평 가까이 되는 면적의 개발은 사적 영역에 맡겨두면 안 되는 규모이다. 공공의 임무는 공공용지를 얼마나 확보했느냐로 끝나지 않는다. 길을 어떻게 내어 땅을 어떻게 나누느냐에 따라 미래가 결정된다. 그나마 이 땅은 온전한 쿼터Quater들이 아직 남아 미래를 기다리고 있다.

연세대학교 송도 캠퍼스 마스터플랜(2006)도 도시 격자 그리드를 캠퍼스 내부로 끌어들여 골격을 만든 경우다. 이 설계경기 역시 대형설계 사무소들을 대상으로 지명 경쟁방식으로 지행되었고 1등을 한 사무소가 마스터플랜을 맡는 것이었다. 경쟁사들인 삼우, 정림 등과는 달리 건원은 캠퍼스 설계 실적은 물론 연대출신의 임원조차 없었다.

시작부터 기우는 게임이었다. 이번에도 정공법으로 가기로 했다. 송도 신도시의 도시 격자Urban Grid를 그대로 확장시키자는 것이었다. 유연한 곡선 선형에 비해 한 것 없어 보이지만 도시 스케일에서의 싸움의 관건은 '폼'보다는 '논리'라고 믿었다.

42만 평에 달하는 대지는 매립지인 송도신도시의 북동쪽 경계에 있다. 연세대는 신촌캠퍼스의 비좁음을 해결하는 동시에 국내 최초로 레지덴

위_대농부지 개발 모형.
아래_대농부지 전체 배치도.

연세대 송도캠퍼스 마스터플랜.

셜 칼리지[5]를 세우는 것을 목표로 하고 있었다. 나는 평소 외국 대학을 보면서 도시와 캠퍼스가 섞여 있다는 사실에 늘 주목해왔다.

물리적인 경계는 물론 가로 명과 주소조차 캠퍼스 내외의 구분이 없었다. 뉴욕 대학 같은 경우는 학교건물이 타 건물과 섞여 있어 아예 캠퍼스의 범위를 아는 것조차 불가능했다. 물론 도시와 대학이 동시에 생성되어서였겠지만 이런 것이 진정 어반캠퍼스이자 레지덴셜 캠퍼스가 아닐까라고 생각했다. 이것을 구현하고 싶었다. 24시간 도시의 삶과 같이 물려 움직이는 캠퍼스.

또 하나 학교 측에서 요구하는 것은 서양 대학건축의 대표적인 특징인 쿼드Quad[6]를 살려달라는 것이었다. 송도 도시 그리드를 캠퍼스 내로 확장하는 동시에 두 가지의 큰 조작을 가했다. 하나는 십자가형의 가로, 세로 중앙 가로축[7]을 두는 것이며 또 하나는 캠퍼스 중심으로부터 직사각형의 그리드를 방사하는 것이다. 이로써 캠퍼스로의 주 진입축이 생기며 그리드 체계와 오버랩되어 사각형quad이라는 또 하나의 질서 체계가 만들어지게 된다. 중심을 공유하는 사각형 3개에 각각 아카데미 쿼드academic quad, 사이 쿼드 in-between quad, 주거 쿼드residential quad라고 이름을 부여했다.

아카데미 쿼드에는 강의 및 연구실, 본부 및 도서관 등 학교의 주요

---

05 residential college는 전교생이 기숙사에 기숙하는 형태의 대학을 말한다. 서양의 많은 대학은 1학년에 의무적으로 기숙을 요구하는 경우가 많다. 공동체 정신 함양과 전인교육을 꾀하기 때문이다.

06 Quad, Quadrangle은 당초 수도원의 회랑으로 둘러싸인 내부 정원에서 비롯되었으며 중세 대학이 수도원 건축에서 시작되었기에 대학의 가장 특징적인 건축공간으로 자리매김한다. 건물로 둘러싸인 정사각형 혹은 직사각형 모양의 내부 정원이다.

07 이렇게 직방형 그리드 중앙에 십자형 가로를 두는 방식은 로마식 도시계획의 전범이기도 하다. 동서방향의 가로 중 가장 넓은 중앙가로를 Decumanus Maximus, 남북방향 중앙가로를 Cardo Maximus라고 하며 두 가로의 교차점에 Forum이 만들어졌다.

시설이 모두 배치된다. 주거 쿼드는 기숙사가 배치되며 그 사이의 쿼드in-between quad는 깨끗하게 비웠다. 이곳은 일종의 그린벨트로서 학교와 기숙사 사이를 가르는 경계영역인 동시에 미래의 불확정적인 캠퍼스 계획에 대비하여 유보시킨 공간이기도 하다. 이 공간이 내 계획의 핵심이다.

보통 하나의 경계는 선으로 만들어진다. 담장 혹은 도로 등에 의해서이다. 그러나 나는 경계 자체가 영역이 되어야 한다고 보았다. 즉 아카데미와 주거의 경계는 모호해야 하며 그 자체가 독립된 영토를 가져야 진정한 레지덴셜 칼리지가 된다고 본 것이다. 마치 지知: academic와 덕德: residential의 공간이 있듯 체體: in-between의 공간도 있어야 전인적인 교육이 되듯이. 이곳은 숲이 될 수도 있고 이벤트의 공간, 운동을 위한 공간도 될 수 있다. 사용자가 주체적으로 전유하기 위해서는 기능이 부여되지 않은 '그냥 비움'이 필요하다고 보았다.

교수들뿐 아니라 교직원, 학생 대표까지 망라한 80여 명 앞에서 프리젠테이션 하면서 심사가 진행되었다. 경쟁사들의 안들은 독자적인 울타리 안의 조형으로 캠퍼스를 계획한 것들이었다. 훌륭한 그래픽들이었음에도 결국 나의 논리가 이겼다. 이후 2년 동안 지긋지긋하게 수정이 이루어졌다. 중앙가로의 결절점에 도서관이 놓이게 된 것도 이때의 일이다. 그럼에도 도시 그리드와 사이공간In-Between Space에 대한 원칙은 사수했다.

연대 출신이 아니라는 이유로 마스터플래너 자리도 몇 번 내줬다. 건원을 그만두고서는 도서관 설계자로 강등되었다.

부천대학교 시흥캠퍼스:
직교 플랫폼 Orthogonal Platform

구미의 대학들과는 달리 우리나라의 대학들은 도시가 형성되고 한참이 지난 상태에서 개교를 했기에 입지부터 저들과는 사뭇 다르다. 서구의 대학들 중 중세부터 대학도시로 시작을 하는 경우는 말할 것도 없고 근세에 세워지는 대학들도 도시 내 구릉지에 입지하는 경우는 드물다. 반면 19세기 말엽에 세워지기 시작하는 우리나라의 대학들은 거개가 기존 시가지를 피해 비교적 넓은 부지를 찾기 위해서 구릉지에 앉을 수밖에 없었다. 연세대, 고려대, 이화여대를 비롯해서 한양대, 경희대, 성균관대, 서울대 등 거의 모든 대학이 그러하다.

이 같은 상황은 캠퍼스가 확장될 때 많은 문제를 야기 시킨다. 가용지가 부족하다보니 지형에 맞추어 건물을 앉혀야 하고 이것이 반복되면 캠퍼스 전체의 구성은 무질서 그 자체가 된다. 캠퍼스의 주축도 없고 메인 오픈스페이스도 만들어지지 않는다. 더구나 보행 레벨이 등산로에 가까운 수준이니 캠퍼스 내 보행 네트워크도 가동할 수 없으며 결과적으로 건물 단위의 외딴 섬 효과만가 발생한다. 1980년대 대학생 대규모 집회의 메카가 한양대가 된 곡절도 여기 있다. 지하철로의 접근이 좋아서이기도 하지만 악명 높은 비탈길과 미로 같은 캠퍼스 내 도로, 진압병력이 도저히 손 쓸 수가 없는 구조였기 때문이란다.

70년대 서울대가 동숭동을 떠나 관악산 기슭의 골프장에 터를 잡은 것도 데모꾼들을 쫓아내라는 각하의 지시였다기보다는 뒤쪽 낙산 쪽으로 확장 여력이 없어서가 맞는 이유이다. 나는 2호선 서울대역 앞에 건물 한 채도 없었을 때 관악캠퍼스에서 1학년을 다녔고 철거를 앞두고 유리창이 깨져도 갈아 끼워주지 않던 공릉동에서 공대 2학년을 보내다 3학년 때 관악으로 다시 왔다. 매일 경찰들과 숨바꼭질하느라 경사지를 무수히 오르내렸고 술 한 잔 하려면 고개 넘어 지금의 관악구청 자리[8]까지 걸어와야 했던 고로 산기슭에 있는 캠퍼스에 이가 갈린다. 그럼에도 지금 15년 째 다니는 학교는 한양대이다.

2011년 설계한 부천대학 제2 캠퍼스는 경사지에 대한 나의 증오(?)가 잘 나타나 있는 계획이다. 55년 전 부천에서 개교한 부천 대학교는 구 캠퍼스의 비좁음을 해결하기 위해 시흥에 제2 캠퍼스를 계획한다. 설계경기가 열렸고 우리나라 최대의 설계사무소 삼우와 희림 그리고 내가 일하는 선진이 초청되었다. 대지는 말 그대로 급경사 산자락이다. 당연히 상대방은 경사지에 순응하는 계단식 논 같은 안을 만들어올 것이 눈에 보였다.

나는 직교하는 직선 두 개를 긋고 이 레벨에 맞추어 직교 플랫폼을 만들어보라고 스태프들에게 지시했다. 산 중턱에 ㄴ자 형태의 평지가 만들어진 것이다. 이 선에 맞추어 ㅁ자형의 건물들을 늘어놓았다. 당연히 건물의 한쪽은 산에 기대는 꼴이 되고 다른 한 쪽은 공중에 떠 있는 형상이 되었다. 나는 이것이 경사지 캠퍼스의 답이라고 생각한다고 말하고 밀어붙였다.

ㅁ자 건물은 내부의 쿼드를 가진다. 쿼드를 구성하는 네모서리의 건물들이 공유하는 장소이다. 띄워진 건물 하부에는 회랑이 생긴다. 반 외부 반 내부인 이 공간은 지반 레벨과 건물 내부가 공유하는 장소가 된다. 이 건물 군들과 평행하게 두 개의 직교하는 강력한 보행자 축이 캠퍼스를 관통한

---

08 '재너머 일미집'이라는 옥호도 구성진 선술집이 있었다. 주인 할머니는 있으나마나 안주거리는 먼저 본 자가 임자. 계산은 양심껏이고 사회학과 정치학과 친구들은 이곳으로 등하교했다.

그리드와 쿼드
Grid & Quad

부천대 조감도와 배치도.

다. 이곳은 돋우어진 선형광장으로 캠퍼스 전체를 꿰는 주축이자 가장 큰 오픈스페이스가 된다.

내가 생각하는 캠퍼스에서 가장 중요한 것이라고 내가 생각하는 것은 학내 구성원들 사이의 교류이다. 그저 강의실과 연구실의 집합이라면 프랜차이즈 어학 학원과 무엇이 다른가? 대학이 대학일 수 있는 것은 다만 지식이 전달되는 것 이상의 지적 문화가 생성되기 때문이다. 학문이 융, 복합을 이루고 있다는 등의 현재적인 추세에 대한 얘기가 아니다.

대학은 본디 전 인격적인 만남과 지성과 감성의 충돌을 경험하는 장소라는 뜻이다. 따라서 캠퍼스 계획은 이 충돌의 장을 만드는 작업이다. 교실과 도서관 못지않게 오랜 역사를 통해 검증된 쿼드quad와 회랑cloister이 계속해서 유효한 것은 그곳들이 담론이 생성되는 장소이기 때문이다. 캠퍼스의 모든 방으로 가기 위해 반드시 거쳐 가야 하는 직교 플랫폼을 내가 고집한 이유이다.

설계경기의 결과는 1등이었다. 1년의 마스터플랜 이후 건축설계 경기에서도 정림, 범건축 등을 누르고 1등을 하였다. 초기 안에서 건축은 많이 변경되었지만 경사지 중간에 걸쳐 횡단하는 직교 플랫폼의 개념은 꿋꿋하게 살아있다.

'당선'이 아니라 '책임'이다

건축과에 처음 오면 T자와 삼각자부터 사야 했다. 그리고 첫 설계시간에 이 것으로 직선과 수직선을 긋는 연습을 한다. 건축을 배우는 첫날부터 그리드를 그리기 시작하는 것이다. 그리드는 건축과 도시의 시작이다. 그리드를 만들면 무수한 사각형이 생성된다. 사각형은 작게는 책상, 침대와 컴퓨터 화면이며 더 커지면 방이 되고 더욱 커지면 필지와 도시 블록이 된다. 그래서 건축이나 인테리어 설계는 모눈종이만 있으면 누구나 할 수 있기도 하다.

　　동서양을 막론하고 선조들은 세상이 사방四方으로 되어 있다고 믿었다. 땅위에서 길을 찾으려면 앞뒤 좌우를 분간하면 되고, 바다나 사막에서는 동서남북을 헤아리면 되었다. 세상에서 택시기사에게 목적지 알려주기 가장 편한 곳이 맨해튼이다. "5th and 32nd"이라고만 하면 된다. 그리드로 되어 있는 도시구조 덕분이다.

　　인류가 도시를 만들기 시작했을 때 그리드를 사용한 이유도 이 때문이다. 기원전 2600년경 모헨조다로 문명 시기부터 그리드 체계의 도시 흔적이 발견된다. 이집트, 중국, 멕시코에도 유적이 있고 우리나라의 경주도 그리드 구조이다.

이 중 가장 널리 알려진 것이 로마의 그리드 도시들이다. 로마인들은 정복지에 카스트라Castra라는 요새를 건설했는데 정방형으로 벽을 쌓고 내부를 그리드 체계에 의해 계획하는 형식은 거의 똑같았다.[9] 요새 밖으로 이어지는 경작지 또한 그리드 체계로 구획되었다. 대부분의 유럽 중세도시는 이 로마시대 요새의 확장으로 이루어진 것들이었으므로 그리드 구조가 여전히 보존되어 있다. 이 시기 새로 세워지는 도시도 로마식을 본받아 격자형 도시체계를 가진 것이 많다.

도시가 확장되거나 신도시들이 세워지던 18, 19세기에는 격자형 도시가 대종을 이루기는 하지만 의미 있는 변종들도 출현한다. 1791년 워싱턴 D.C.는 피에르 샤를 랑팡Pierre Charles L'Enfant을 설계하는데 그리드를 바탕으로 깔되 대로Avenue들을 사선으로 방사해 바로크적 도시의 풍모를 더하는 계획안이다.

1811년 채택된 뉴욕의 도시계획 역시 남북방향의 대로와 동서방향의 거리Street 들로 엄격한 격자구조를 이루지만, 나중에 센트럴 파크와 대각선 방향으로 가로Broadway가 추가되어 질서와 파격의 도시가 된다. 일데폰스 세

---

09   한 변의 길이는 대개 2150피트이며 강어귀나 주요도로의 결절점 등의 군사요충지에 세워졌다. 로마가 상대적으로 적은 병력으로 넓은 영토를 지배했던 비결은 이동과 병참의 효율성 때문이다. 로마식 가로와 곳곳에 세워진 castra를 연결하여 필요시 신속하고 집중으로 군사력을 투입할 수 있었따.

그리드와 쿼드
Grid & Quad

일데폰스 세르다의 바르셀로나 계획안.

르다Ildefons Cerdà가 계획한 바르셀로나 에이샴플라Barcelona Eixample[10] 구역의 계획은 113미터 정방형의 다소 큰 블록으로 구획되는데, 모서리를 따고 인접 블럭과 중정을 공유하는 방식으로 연도沿道형 건물의 환경을 개선시킨다.

효율성만으로는 추종을 불허하는 그리드 방식의 도시는 그러나 자동차가 등장한 이후로는 재앙의 장소가 된다. 통계에 따르면 현재보다 두 배 이상의 사람들 특히 어린이들이 길에서 목숨을 잃었다 한다. 이후 주거지역에서 그리드는 사라진다.

자동차가 빠른 속도로 통행하는 간선도로가 둘러싸는, 한 변이 1킬로미터 남짓인 슈퍼 블럭이 만들어지고 그 안에는 비정형적인 가로망이 구축된다. 자동차 속도를 낮추는 곡선가로, 막다른 길인 쿨드삭culs-de-sac 등이 설치되기도 한다.

도시는 오랜 세월에 걸쳐 건설, 확장, 개조되기 때문에 한마디로 그 도시의 주요구조를 말하기는 쉽지 않다. 서울만 해도 600년의 켜가 겹겹이 쌓여 있어 도시구조를 한눈에 읽기가 불가능하다. 조선 초에 이루어진 궁궐배치와 육조거리 등의 주요 간선도로망은 중국의 주례고공기 등을 참조하여 격자방식으로 조성하였지만 나머지 가로는 자연발생적으로 생겨난 길들이다. 이후 대한제국과 일제강점기에 많은 변화가 있었고 해방이후 지금까지

---

10 19세기 말에서 20세기 초에 확장된 바르셀로나 시가지를 말한다. 에이샴플라는 카탈루니아어로 확장(extension)이란 뜻이다.

그리드와 쿼드
Grid & Quad

1853년 무렵의 뉴욕 지도.

수없는 수술이 가해졌다.[11] 큰 간선도로는 거의 그리드 체계를 갖추었지만 블록 안의 작은 도로들은 여전히 조선시대 길의 흔적을 지니고 있다.[12] 대표적인 길이 인사동 길이다.

반면 강남 일대는 1960년대에 신도시로 개발된 곳으로 그리드 방식을 적용하기는 했지만 처음부터 단독주택지용 슈퍼 블럭의 개념으로 계획되어 지금은 자동차들로 몸살을 앓고 있다. 블록 내부의 도로율이 턱없이 부족하기 때문이다.

80년대 개발된 목동, 잠실 90년대 이후의 분당, 일산 등의 신도시들도 다소간의 차이는 있지만 그리드와 슈퍼 블럭 개념을 가지고 계획된 도시들이다. 후기 신도시일수록 강남과는 비교가 안 될 정도로 훌륭한 도시환경이 만들어진다.

근대 도시 이론가들 역시 그리드 도시에 대해 절대적으로 옹호했다. 르 코르뷔지에의 챈디거 신수도 계획안이나 힐버자이머 제안들을 보면 엄정한 그리드 체계로 도시골격을 구성하고 있다. 다만 경험론적으로 그리드형 도시를 계획하던 여느 도시계획가들과 이들이 다른 점은 실용적인 측면을 넘어서는 선언적인 세계관을 담고 있다는 점이다.

---

11 서울 구도심의 큰 틀은 종로를 횡축으로 하여 육조거리와 숭례문에서 보신각에 이르는 길이 각각 T자형으로 만나는 골격이다. 지금의 태평로는 대한제국 시절에, 을지로, 퇴계로 등과 남북방향 가로들은 일제시대에 형성되었다.

12 서울의 남북 방향 길은 거의 청계천을 향해 흐르는 지천을 따라 형성되어 전체적으로 나뭇가지 모양이다. 이 길들과 신설된 격자형 도로구조와 충돌하면서 쐐기형 대지들이 많이 생기게 된다.

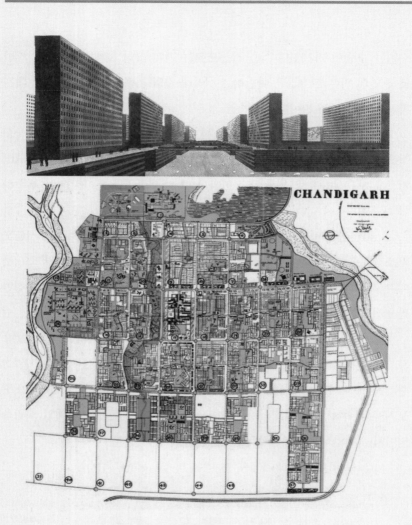

위_힐버자이머, 메트로폴리스 계획안, 1926.
아래_르 코르뷔지에, 챈디거, 1996.

다시 말해 통상적인 격자도시들이 로마시대부터 취해 오던 그리드 방식을 관습적으로 채택하고 있었다면, 이들 근대도시 사상가들은 그리드 구조의 추상적 성격이 새 시대의 정신과 부합한다고 생각함과 동시에 이를 전근대적인 자취를 지워버릴 무기로 생각했다는 것이다.

르 코르뷔지에의 파리 부아쟁 계획le Plan Voisin de Paris안을 보면 이것이 명확히 드러난다. 파리 구 시가지를 밀어내고 초고층 주거들이 격자 구조 위에 서 있다. 마치 밀림 한가운데 경작지를 만든 것 같은 이 그림은 전 근대적인 것들에 대한 적대감을 그대로 드러낸다. 이들이 그리드와 직선을 선호한 가장 큰 이유는 근대적인 공간 개념을 가장 잘 표현할 수 있는 도구였기 때문이다. 직선과 기하학은 과학과 이성의 승리를 상징하며 테크놀로지를 통해 과거의 억압으로부터 해방되는 세상을 향하는 표식이었다.

근대적 공간의 개념은 데카르트에 의해 처음 창안되었다고 볼 수 있다. 데카르트는 3차원 좌표계를 처음 도입한 사람이다.[13] 이것은 기하학을 대수학적인 방법으로 표현할 수 있게 되었다는 의미 이상의 함의를 가진다. 공간 안에 모든 지점이 수학적인 좌표로 표현될 수 있게 됨에 따라 모든 장소는 '상대화' 된다.

데카르트는 공간 자체가 신의 창조물이라 한 수 접었지만 그럼에도 공

---

13   그의 이름을 따서 3차원 좌표계를 Cartesian Coordinate라 한다.

그리드와 쿼드
Grid & Quad

간 안에서 '신의 거처' 같은 특이점을 없앤 것이다.[14] 균질하고 무한한 데카르트 공간 덕분에 뉴톤은 미적분학을 창안했고, 이를 발판으로 역학을 수학화함으로써 세상만물이 신의 개입 없이도 질서 있게 움직임을 증명했다.

근대주의자들이 구시대의 도시를 해체되어야 할 곳으로 본 이유는 그곳이 성과 속의 공간, 지배와 피지배 계급의 공간이 층서화된 곳으로 보았기 때문이다. 이제 새로운 시대의 도시는 이러한 공간적 불평등과 위계를 타파한 균질하고 무한히 확장되는 공간이어야 했다. 그리고 계량화된 기능을 합리적이고 과학적으로 배분, 배치하기에는 그리드와 스퀘어, 큐브만큼 좋은 도구가 없었다. 바야흐로 인간의 이성과 기술에 의한 억압 없는 세상이 올 참이었다.

이후의 과정은 잘 아는 바이다. 인간 이성에 대한 맹목적인 과신은 2차 대전에 의해 산산이 부서진다. 역사가 진보한다는 믿음도 절대정신이나 절대과학이 있다는 낙관도 부인된다. 합리성에 의해 지어진 근대적 도시와 건축이 불합리와 부조리의 온상이 되고 만다.[15] 포스트 근대론자들은 역사와 문화를 파괴하고 도시의 심미적 가치를 손상시켰다고 근대를 비난한다. 그 결과 도심 역사지구의 철거식 재개발은 멈추고 수복형 재개발이나 도시

---

14 "나는 생각한다. 고로 존재한다."(Cogito, ergo sum)라는 명제를 통해 신을 입증하려는 시도 또한 같은 종류의 역설이다. 의심하는 코기토(Cogito)가 신의 존재에 대한 증명이라는 것인데 결과적으로는 그의 바람과는 상관없이 이후의 세상은 코기토(Cogito)가 신을 대체했다.

15 대표적인 사례가 용도구역제(Zoning)이다. 도심의 주거를 교외로 옮겨 직주분리를 하니 도심공동화에 의한 슬럼발생, 도시 확산으로 인한 환경, 교통문제의 심각화 같은 예기치 않은 문제가 발생했다. 다시 지금은 도심에도 주상복합건물을 허용한다.

르 코르뷔지에, 파리 부아쟁 계획, 1925.

재생의 방법이 등장하게 된다.[16]

　　이러한 여러 변화들을 '근대 도시건축의 실패'라고 칭해야 하는가? 나는 그렇게 보지 않는다. 모든 혁명이 그렇듯 근대주의의 선언이 폭력적이고 교조적이었다는 측면은 부인하지 않으나 강고했던 당시의 상황을 대입해 보면 그것은 전략의 문제에 해당할 뿐 본질이 아니다. 그 어떤 지주가 토지수용을 반기겠으며 그 누가 철거를 환영하겠는가? 그러나 한정된 도시 내에서 필요한 공공영역사적인 건물의 오픈스페이스를 포함하여의 절대적 용량을 확보하기 위해서는 창조적 파괴는 불가피한 일이다.

　　서울 구도심이 무식한 철거재개발에 의해 결딴난 곳과 아까운 곳이 많은 것도 사실이나 그나마 도시 내 공공인프라가 갖추어진 것 또한 무식한 철거 때문이다. 근대 도시이론의 기여는 여기에 있다. 도시의 공간을 탈역사화, 탈신화화 하여 공간의 절대적 용량을 확보하게 만든 것, 그리하여 역설적이게도 도시가 역사와 신화의 장소임을 깨닫게 해준 것이다.

　　여기에 소개한 4개의 프로젝트는 단지의 규모이다. 이럴 경우 나는 그 리드부터 치고 본다. 스태프들은 질색한다. 다른 팀과 경쟁해야 하는 입장에서는 튀는 그래픽이 필요한데 그것이 나올 가능성을 원천봉쇄해 버리기 때문이다. 그럴 때 마다 내가 하는 말은 "도시를 가지고 장난치지 말라."이다. 건축주가 개인이라면 그의 집은 유희의 대상이 되어도 그가 허용하면 된다.

16　우리나라도 80년대까지 불량 시가지 정비방식이 재개발 구역 지정 후 일괄철거–재건축방식이었다. 그러다 그 이후 건물별 순환재건축 방식에 의한 수복재개발, 리모델링을 포함하는 도시재생 기법이 도입된다.

그러나 공공건축, 나아가 단지규모가 되면 일차적 가치는 '당선'이 아니라 '책임'이다.

싫든 좋든 넓은 땅에서 인간은 개미이다. 따라서 최고의 미덕은 '오리엔테이션' 즉 길을 잃지 않는 것이다. 그래서 랜드마크도 필요하고 도시의 질서도 필요한 것이다. 그러나 많은 경우 건축가, 계획가들은 공중에서 본 그래픽을 더 중시하고 심사위원들도 이 경향이 없지 않다.

그럼에도 내게는 공공건축은 입방체, 도시는 그리드가 시작이다. 나중에 어떻게 변할지언정 이는 나와 스태프들에게 "우리는 지금 공공의 일을 하고 있다. 나는 이 일을 함에 있어 나의 에고를 접는다."는 선서 같은 것이다. 그리드가 지루하다면 맨해튼이 세상에서 가장 지루한 도시이어야 맞다. 뛰어난 건축가라면 가장 지루한 기하학에서 가장 화려한 것을 만들 수 있어야 한다.

3

혼성과 파생

Hybrid & Derivatives

———

나는 줄기차게 '토지이용계획'을
'공간이용계획'으로 바꿀 때가 왔다고 역설하고 다녔다.
그러나 이 나라는 경찰서와 동사무소도
같은 땅에 있기를 거부하는 나라다.
이런 도시에 사는 사람들은 나의 '장소'가 없다.
자기 '땅' 자기 '장소'가 없는 시민에게
도시에 대한 사랑을 구하는 것은 당신의 짝사랑일 뿐이다.

세종시 첫마을:

방사축 Radiant Axes

우리나라 도시의 아파트들이 성냥갑이니 병영막사 같다느니 라는 비난을 받는 이유는 한국의 건축가들이 조형능력이 없어서가 아니다. 제반 법률에 의해 그렇게 밖에는 지어질 수 없는 상황이 주어지기 때문이다. 주촉법[1] 시절에는 법이 설계를 했다고 해도 과언이 아닐 정도로 모든 주거는 천편일률적일 수밖에 없었다. 양적 충족이 최우선 과제였으니 표준화·규격화되어야 했다. 지금은 많이 나아졌다고 볼 수 있지만 여전히 관련법과 경직된 주거시장은 창의적인 주거건축을 제한한다.

아파트의 단지계획은 도시계획과 도시설계 과정에서 이미 정해진다. 블록의 크기, 도로망, 공공시설과 상업시설의 위치, 공원과 녹도의 계획이 정해지고 아파트 주동의 개략적인 배치와 높이, 폭도 주어진 상태에서 건축가들이 할 일이란 주동을 이리저리 움직이며 묘수를 찾는 일 말고는 별로 없다.

LH공사에서는 거의 모든 설계를 현상공모를 통해 채택하지만 모두가 그 밥에 그 나물인 것은 이런 까닭이다.[2] 이런 제도가 유지되고 있는 것은 주택은 여전히 공공재公共財이므로 관이 책임지고 세세한 것까지 지휘, 감독해야 한다는 자상한(?) 관료주의적 관성 때문이다.

---

01 '주택건설 촉진에 관한 법률'은 1972년에 제정되어 2002년 주택법이 생기면서 사라졌다. 이 법률은 말그대로 주택 대량공급을 목적으로 하는 법으로 주동의 배치, 형상, 평형, 세대내의 평면, 성능까지 규정하고 있었다. 법에서 정해진 대로만 하면 설계가 저절로 되는 식이니 창의적 아파트가 원천적으로 불가능했다.

02 이런 까닭에 현상설계를 해봐야 차별성 있는 안을 뽑는 것은 애초에 불가능하다. 그러므로 LH 출신의 전관을 모시지 못하면 LH 현상설계에 참가해봐야 헛일이라는 것이 업계의 공공연한 비밀이다.

2006년 국제 현상 공모로 LH가 발주한 행복도시[3] 내의 최초의 주거단지인 '첫마을'은 우리나라 주거단지 역사에 획을 긋게 되는 기획이었다. 최초로 단지계획과 건축계획을 묶어서 계획하도록 되어있었기 때문에 그동안 주어진 블록 내에서만 맴돌던 건축가들로서는 절호의 기회가 아닐 수가 없었다.

내가 디자인 총괄로 있던 건원건축은 주거에 관한 한 우리나라 정상의 설계집단이라고 자타가 공인하던 회사였다. 이 역사적인 공모를 위해 최고의 팀이 꾸려졌다. 쟁쟁한 디자이너들이 훌륭한 대안들을 제시했지만 다 고만고만했다. 이러던 중 회사 창립 파트너이기도 한 윤용근 소장의 스케치가 눈에 확 들어왔다.

보는 순간 그동안 우리나라 주거단지의 한계를 극복할 수 있는 논리들이 꼬리를 물며 생성되었다. 두말없이 그 안을 채택했다. 윤 소장이 그림을 맡고 내가 설계논리를 맡는 시스템이 구축되어 계획안이 발전되고 성과물이 만들어졌다. 전 세계에서 56개 응모작이 제출되었고 우리 팀의 안이 1등으로 당선되었다. 초기 안과는 많이 달라진 모습이지만 어쨌건 이 단지는 지금 세종시에 우뚝 서 있다.

이 안의 가장 큰 장점은 단지 내부의 블록 구획이 없이 원형지로 제공된 조건을 최대한 살리고 있다는 점이다. 단지 한가운데 있는 야산을 그대로 둔 채 그리드 방식이 아닌 방사형 체계로 블록들을 나눌 수 있었던 것은 이로써 가능했던 일이다. 통상적인 방식대로라면 야산을 뭉개고 논은 메꾸어 평지로 만든 후 바둑판식으로 블록을 나눈 후 아파트 주동을 깔았을 것

---

03 행정복합도시의 줄임말. 지금 세종시의 당초 이름이다.

행복도시 첫마을, 전체 모형.

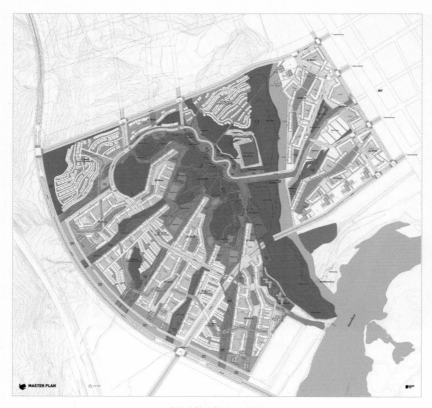

세종시 첫마을 마스터플랜.

이다. 보존된 야산의 경사지형을 따라 배치된 학교, 도서관, 공공시설들과 여기에서 방사형으로 뻗어 나온 6개의 녹지 띠는 이 단지의 골격이 된다.

또 하나 이 단지의 큰 특징은 블록 간의 경계가 선이 아닌 면으로 되어 있다는 점이다. 연세대 송도 캠퍼스 계획에 도입했던 사이공간In-Between Space의 개념이다. 플레잉 플레이트Playing Plate라고 이름붙인 이 녹지 띠는 주거들이 올라타는 리빙 플레이트Living Plate와 위계가 거의 같다.

주동을 먼저 배치하고 남는 자투리에 녹지를 배치하는 기존 방식에 대한 거부이다. 이 공간은 녹지와 놀이 공간, 학교 가는 길인 동시에 커뮤니티 시설들이 매달려 있는 곳이다. 비어 있기에 어떤 기능에 대해서도 열려있고 어느 단지에도 속하지 않는 중립지대이므로 내 것인 동시에 우리의 것이다.

단지계획과 건축계획을 동시에 진행하는 성취감도 있었지만 그만큼 고달프기도 했다. 전례가 없는 일이다 보니 곳곳에 암초였다. 지형에 따라 비정형으로 생길 수밖에 없는 학교들이 속을 썩였다. 교육청에서는 규정 상 정방형 대지 아니면 학교 허가를 내줄 수 없다고 버텼다. 일제강점기부터 내려온 매뉴얼대로만 건축하기를 원하는 전형적인 관료주의였다. 이러니 붕어빵 학생들만 찍어낸다는 생각이 들었다.

복합공공청사 문제도 마찬가지였다. 파출소, 소방서, 동사무소, 보건소, 마을 도서관이 한 건물에 들어가면 부지비용과 건축비용도 절감되고 주민들의 편리도 증대될 터이다. 그러나 각각은 소속 부처가 다르므로 별도의 부지를 가져야 한다는 것이었다. 수없는 워크숍과 협의를 해보았지만 요지부동이었다. 하나의 나라, 하나의 정부인데도 땅만큼은 개별재산이었다. 봉건 영주들의 싸움은 저리가랄 수준이었다.

급기야는 가장 핵심적인 개념인 사이공간조차도 없어질 판이었다. 어느 단지에든 속하지 않으면 관리가 안 된다는 주장이었다. 가운데 담을 치겠다는 것이었다. 이렇게 원안을 지키지도 못할 거면 국제공모는 왜 했나 싶었다. 오만정이 떨어져 어느 순간부터 마스터플래너의 직위를 내놓았다.

아덴 경제자유구역:
프랙탈 아라베스크 Fractal Arabesque

2008년도에 나는 건원건축을 그만두었다. 유태용 선배와 Urban Alliance라는 조직을 만들었다. 실력은 있으나 규모에 문제가 있어 해외프로젝트에 대한 접근에 한계가 있는 중소형 설계사무소들의 연합체를 만들어 해외 도시 프로젝트를 공략하기 위함이었다. 일찍이 우리나라 설계사무소의 쇠락을 점치고 있던 나는 오직 국제시장만이 탈출구가 될 거라고 믿고 있던 참이었다.

그러나 말이 쉽지 세계 건축시장이 호락호락 할 리가 없다. 국내도 마찬가지이지만 세계시장도 양극화되어 있다. 국제적 명망건축가Signature Architect들은 쫓아다니지 않아도 탐나는 프로젝트들이 문 앞으로 찾아오지만 우리나라 수준의 설계업체들은 현지 업체들과 가격경쟁을 해서 수주해야 하는 처지였다.

그나마 도시개발 프로젝트에 관한 한 우리나라는 개발시대의 신도시 건설로 인한 물량세례 덕분에 어느 정도 경쟁력을 가질 수 있다고 나름 판단하고 있었다. 설계는 물론 사업기획, 프로젝트 매니지먼트, 금융까지 아우를 수만 있다면 말이다.

기세 좋게 출발할 수 있었던 데에는 예멘의 아덴 경제구역 개발 프로젝트가 곧 성사될 것으로 보였기 때문이기도 했다. 이 프로젝트는 예멘의 실력자 슈미르 박사를 소개받음으로써 시작되었다. 이 프로젝트의 오너인 그는 예멘의 주 이집트 대사 겸 주 AU아프리카 연맹 대사인 동시에 30년을 철권통치하고 있는 샬레 대통령의 최측근이었다. 카이로, 리야드와 사나에 여러 번 드나들며 그에게 계획안을 프리젠테이션 했고 대단히 흡족해 하여 계약을 앞둔 시점이었다. 2008년 9월 15일 리만 브라더스가 파산했다. 이것이 IMF

아덴경제자유구역 조감도.

사태보다 더 큰 재앙의 서곡일 줄이야 당시에는 몰랐다.

아덴은 20세기 초 영국 지배 하에서 세계 3대 미항 중 하나라는 소리를 듣던 도시이다. 1967년 공산정권이 남예멘을 독립시켰고 1994년 내전으로 북예멘에 흡수통일 당한다. 이 프로젝트는 남예멘의 경제 개발과 아덴의 영화를 되찾자는 목적으로 시작된 사업으로 독재국가가 다 그렇듯이 슈미르 박사와 샬레 대통령의 개인적인 프로젝트이기도 했다.

얼마 뒤에야 알았지만 김석철 선생도 우리 바로 옆의 부지 개발 프로젝트에 참여하고 있었다. 그 옆으로는 예멘과 소말리아의 지부티를 연결하는 대교 및 신도시 건설 프로젝트를 희림 건축이 진행하고 있었다. 개발 주체는 각각 예멘, 쿠웨이트, 두바이 업체로 서로 달랐지만 설계자들은 공교롭게도 다 한국이었다. 예멘 남부 일대를 대한민국 건축가들이 그릴 판이었다.[4]

아덴 경제 자유구역 중 30만 명 인구의 외국인 전용 정주 및 관광도시를 계획하는 것이 프로젝트의 목표였다. 부지 면적인 500만 평은 분당 신도시의 규모이다. 사막과 바다 말고는 아무 것도 없는 이 땅에 도시설계를 하는 것은 한편으로는 무한한 자유가 주어진 것이지만 다른 한편으로는 공포스러운 일이기도 했다. 스스로가 텍스트이자 컨텍스트가 되어야 했기 때문이다.

어느 순간 르네상스 시대의 이상도시들이 생각이 났다. 기하학 도형에 기초한 이상도시는 르네상스 건축가들의 우주적 질서와 이데아, 원형에 대한 관심의 결과이다. 처음부터 자기 완결성을 전제로 하는 이들 도시는 도시의

---

04 나의 프로젝트 면적이 16제곱킬로미터, 김석철 선생의 면적이 50제곱킬로미터, 희림건축의 면적이 2,100제곱킬로미터이다. 서울시의 면적이 605제곱킬로미터이니 상상해 보시라.

예멘의 사막도시, 쉬밤.

성장과 변화는 가정하지 않는다. 500만 평을 다섯 단계로 나누어 개발해야 하면서도 각 단계마다 자기 완결적 구조를 가져야 하는 이 신도시에 가장 적합한 모델이었다.[5]

자기완결인 다섯 개의 이상도시를 하나로 묶어내는 큰 프레임을 생각하다가 떠오른 것이 아라베스크 문양과 프랙탈 구조이다. 종교적 이유[6]로 구체적인 사물을 장식의 요소로 쓰지 못하는 이슬람권에서 생겨난 문양이 아라베스크 문양이다. 그리고 이 문양의 기본원리는 전체 구조는 부분구조와 유사하며 무한히 반복되는 성질을 가지는 프랙탈 구조와 매우 비슷하다.[7]

중심 상업지구의 원까지를 포함한 여섯 개의 원형도시가 프랙탈 구조로 배열되고, 인공운하를 두른 후에 아라베스크 문양을 한 여섯 개의 섬이 만들어진다. 각각은 저층 주거단지가 되거나 호텔 오피스, 상업시설을 담은 단지들이 된다. 인공운하와 사막 사이에는 고밀 주거단지 및 상업시설이 형성되는데 사막의 마천루로 유명한 쉬밤Shibam[8]과 이슬람식의 전통 시장인 수크Suq[9]의 건축양식에서 차용한 건물들이다.

---

05 통상적인 신도시는 도시 전체의 인프라를 구축한 후 데생을 하듯 건물이 점점 짙게 채워져 가는 방식을 취한다. 그러나 이 도시에서는 각 단계별로 도시와 건축이 동시 공급되어야 하므로 통상적인 방식은 적용이 불가능했다.

06 이슬람에서는 동식물, 인체 등의 장식화를 우상금지의 이유로 금하는 대신 추상화된 패턴을 반복시켜 장식적 효과를 얻으려 한다.

07 프랙탈은 자기 유사성(self-similarity)과 순환성(recursiveness)이라는 특징을 가진다.

08 쉬밤(Shibam)은 중부 예멘에 있는 인구 7,000의 소도시이다. 3세기경에 세워진 이 도시는 흙벽돌로 축조되었으며 5–11층의 고층 건물 군으로 되어 있다. UNESCO 세계유산이기도 하다.

09 수크(Suq)는 이슬람 문화권의 전통 시장을 말한다. 천장은 흙벽돌로 덮여 있으며 채광 및 환기용으로 작은 구멍이 뚫려 있다.

리먼 브러더스 사태로 시작한 세계 금융위기는 두바이까지 부도로 몰고 갔다. 하물며 세계최빈국이자 알 카에다의 소굴인 예멘임에랴. 대한민국 예멘 삼총사는 아라비아 상인들에게 또 한 번 당한 셈이었다. 닥터 슈미르와는 연락이 두절되었고 산더미 같은 빚을 안은 채 유 선배와 나는 헤어지게 되었다. 나는 다시 대형 설계 펌의 월급 사장으로 가게 되었다.

세종시 행정타운:

꽃잎 군도 Flora Archipelago

행정복합 중심도시세종시는 세계 도시사에서도 유례를 찾기 힘든 환형環型 도시이다. 2005년 도시개념을 위한 국제 공모[10]를 통해 선정된 스페인 건축가 페레아Andre Perea Ortega의 "The city of thousand cities" 개념을 기반으로 하여 도시구조가 만들어졌다. 당초 신수도의 개념으로 시작된 행복도시 국제공모는 근간에 있기 힘든 도시개념 공모였던만치 국내외의 열렬한 관심 속에 진행되었고 당선작을 포함해서 21세기 도시에 대한 새로운 시각을 보여준 작품들이 많이 등장했다.

권영상[11]에 따르면 제출된 작품들을 분석해본 결과 탈중심성, 균등성, 민주성 등의 비공간적인 명제들이 도시공간을 규정하는 논리로 제시되고 있으며 이중 탈중심적 개념을 제안한 주요 작품들은 도시구성의 주요원리로 분산, 비움, 네트워크 방식을 제안하고 있다고 한다. 이러한 경향은 분명 근대 도시이론의 쇠퇴 이후에 등장한 여러 포스트 근대 이론들과 관련이 있다.

더욱이 행복도시를 건설하기로 한 대전제가 국토의 균형발전이었으며 이를 강력히 추진했던 주체가 누구보다 민주적 가치를 으뜸으로 여기던 참여정부였으므로 당선작들은 이에 부응하는 해결안을 내놓았다고 볼 수 있다.

이에 이어서 2006년에는 중심행정타운에 대한 국제공모가 개최되었다. 청사에 대한 건축설계가 아니라 약 83만 평에 해당하는 구역 전체에 대

---

10 25개국에서 121개의 작품이 제출되었으며 피에르 아우렐리(이탈리아), 장피엘 뒤리그(스위스), 김영준, 송복섭(한국), 안드레스 페레아 오르테가(스페인)가 공동 1등으로 선정되었으나 이후 많은 관계 전문가들의 토론을 통해 페레아의 안이 도시골격이 된다.

11 권영상, 행정중심복합도시 도시개념국제공모에 나타난 '탈중심적 도시구조'에 관한 연구, 2009.

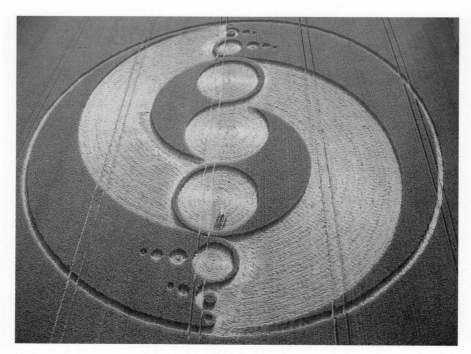

미스터리 서클.

한 도시설계 마스터플랜 공모였다. 장운규, 김한준, 강현수 등을 불러 도시개념을 집어내려 수차례 모임을 가졌지만 마음에 드는 소득이 없었다. 내가 원하는 것은 행복도시 전체의 개념에 부응하면서도 정부에 대한 새로운 개념을 지시할 수 있는 어떤 것이었다.

어느 순간 미스터리 써클이 머리에서 번득 지나갔다. 미스터리 써클은 경작지의 그리드 구조에 새로운 기하학이 중첩되는 혼성 좌표계Hybrid Coordinate이다. 또한 패턴을 만들기 위해 작물을 누이기 때문에 이 지점은 파인 곳이 된다. 행복도시 전체 도시골격인 환형을 미스터리 써클을 만듦으로서 반복 재현시키고 환형 내부의 그리드 패턴의 연속성은 그대로 받아 유지시키는 이중 좌표계Dual Coordinate를 만들면 될 터였다.

그리고 정부청사들은 다른 도시 조직보다 밀도용적율가 적을 터이므로 써클 부분에 배치하면 되었다. 결과적으로 전체도시의 상사형相似形인 링이 생기고 여기에 정부청사들이 환형으로 매달려 자기유사성self-similarity을 가지는 구조가 되는 동시에, 정부 청사들은 꽃잎 군도群島, Archipelago가 되어 이 도시의 이념인 탈중심성과 균등성을 표시하게 되는 것이다.

이렇게 만들어진 청사 집합은 정부청사에 대한 새로운 미션을 제시한다. 첫째로 여섯 개의 섬으로 나뉘어져 타운 전체에 분산되어 있는 청사군은 통치government를 넘어 협치governance를 지향하는 민주정부의 가치를 표상한다. 둘째, 청사들을 연결하는 링[12]구조는 이동수단의 경로인 동시에 도시의 모든 네트워크의 동맥 역할도 하는 도시 인프라로 기능한다. 이로써 정

---

12   쉐아링(Share-Ring)이라고 이름붙인 이 링 구조는 도시격자구조와 중첩된 또 하나의 도시 틀로서 모노레일. PRT 등 빠른 이동수단과 결합되어있으며 각종 공공시설을 담는 장소이기도 하다.

혼성과 파생
Hybrid & Derivatives

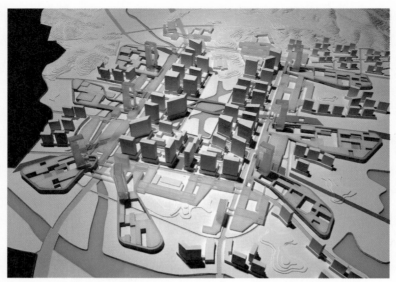

위_세종시 행정타운 모형.
아래_정부청사는 들려 있어 시민들이 통과하는 공간이 된다.

부청사를 위한 타운인 동시에 정부청사들이 봉사하는 타운이 된다. 셋째 분산되어 있는 청사들은 다공질porous의 낮은 플레이트 구조로 되어 있으며 공중에 떠 있게 됨으로써 시민들이 자유롭게 통과하는 게이트의 역할을 한다. 정면성이 없는 이 형태는 탈권위적인 민주정부의 이념을 표현한다.

심사결과는 또 가작이었다. 미국의 조경건축가 다이애나 발모리와 협업한 해안건축이 1등 작으로 뽑혔다. 그녀는 특유의 자유 곡선을 이용하여 이곳 지형과 잘 어울리는 조경건축[13]을 선보였다. 7년 뒤 이 건물이 완성된 후 그녀의 반응은 어땠을까? "그 아름답던 세종시 언덕, 어디로 갔죠?" 자기와 한번 상의조차 없이 건물 외곽의 골격만 남긴 채 다 바꾸어 놓았다고 한탄했다.[14]

안 봐도 눈에 선하다. 바로 옆 첫마을 설계자인 내가 당했던 일을 고스란히 당했을 것이다. 이 사업을 맡은 행복도시 건설청과 토지공사에서는 설계 개념 따위보다는 절성토량[15]을 맞추어 공사비 절감했다는 칭찬 듣는 것이 우선이었을 것이다. 다만 나는 죽자고 싸워 첫마을의 언덕을 지켜냈고 해안은 신사답게 양보했을 것이다.

---

13 랜드스케이프 건축(Landscape architecture)은 도시설계, 건축, 친환경, 조경을 아우르는 건축을 의미하기도 하지만 대지와 건축과의 이분법을 극복하겠다는 포스트모더니즘 분파 중 하나의 입장을 칭하기도 한다.

14 "언덕을 어떻게든 살리고 싶었어요. 뒤로 보이는 산 능선과 어우러지게 언덕의 부드러운 선을 따라 건물을 만들려 했지요. 어제 가보니 언덕이 다 사라졌더군요. 아주 평평하게." 여든둘 벽안의 여성 건축가가 한숨을 뱉었다. "그래도 다행이지요. 6층 높이로 짓고, 지붕을 엮어 건물을 잇자는 기본 아이디어는 살았으니…." (『조선일보』 2013.11.20)

15 일단의 부지 조성을 위해서는 평탄화를 해야 하는데 부지 내 산을 깎아 낮은 곳을 메우면 토사를 반입하지 않아도 되니 필요없어 경제적이다. 절토량과 성토량을 맞추는 것이 토목에서는 금과옥조이다.

이 청사를 이용하는 사람들의 반응은 어떨까? 입주 공무원들이 청사에 대해 흔히 하는 평가는 '용龍 그리다 뱀蛇 됐다'는 것이라 한다.[16] 발모리의 설계 의도는 원지형을 손상시키지 않는다는 전제하에 3차원적으로 조화가 되는 자유곡선을 도입한 것이다. 그런데 지형이 평탄화된 상황에서도 사형蛇 形형상을 유지하려다 보니 '평지에 웬 뱀?'이 되고만 것이다.

이것이 누구의 잘못인가? 건설청과 해안건축의 공동책임이라고 나는 본다. 만일 대지의 평탄화가 어쩔 수 없는 선택이었다면 그 순간 발모리에게 새 계획안을 요구하든지 포기시키고 새 건축가에게 새로운 대지 조건을 담은 계획안을 받았어야 옳다. 산기슭에 있을 산사를 시내에 갖다 놓은 꼴이다. 건축과 도시에 문맹인 관료주의와 그의 힘에 굴복할 수밖에 없는 이 땅의 건축가가 빚어놓은 애처로운 우리의 민낯이다.

---

16 세종청사가 하늘에서 보면 용 형상을 하고 있다는 것을 빗댄 말이다. 건물에 멋을 부리다가 정작 입주자 편의를 잊었다는 의미다. 세종청사의 총길이는 3.5킬로미터로 성인이 한 시간 정도를 걸어야 한다. 6개 부처가 입주해 있는 1구간만 해도 한쪽 끝에서 다른 쪽 끝으로 가려면 20분은 족히 걸린다. (『서울신문』, 2013.8.1.) 이는 발모리의 계획안 자체가 보행위주의 동선을 전제로 한 것이기에 불가피한 부분이다. 환형은 유지하고 싶고 거리개념은 없고. 대규모 건축을 한적 없는 발모리의 한계이다. 분산시킬 것이면 나의 안처럼 확실히 이격시켜 local mobility를 도입했으면 되었다.

도시는 스스로 계획한다

발모리의 선은 조경설계가들이 대개 그렇듯이 매우 아름답다. 그러나 이것이 외부공간의 바닥패턴이나 조경에 쓰이는 선 정도가 아닌 도시 차원의 선이 되면 치명적이 될 수가 있다. 세종시 행정청사가 대표적인 경우이다. 이 결과물은 본인도 탐탁치 않게 여기고 있으며 사용자도 불만이 가득하다. 왜 그럴까? 그녀의 곡선은 블랙박스 안에 있는 선이기 때문이다. 다시 말해 그 선은 직관적이고 선험적으로 생성된 것이기 때문에 그녀 이외에는 아무도 이해할 수도 없고 창조적인 변용도 불가능하다.

대지의 조건이 구릉지에서 평지로 근본적으로 바뀌었다. 설사 그녀를 다시 불렀다 해도 백지에서 새로 시작하지 않는 한 할 일이 없었을 것이다. 뼈대 논리는 따로 있고 그녀의 선은 단지 최종 표현이었다면 대응이 가능했겠지만 그 선은 그 자체가 논리이자 결과이고 표현이기 때문에 'All or Nothing'이다.

이런 측면에서 그녀를 중간에 부르지 않은 것도 무례한 일이지만 그

르네상스식 이상도시, 이탈리아 북서부의 팔마노바.

녀 말고는 아무도 손댈 수 없는 계획안 자체의 결함이 더 크다고 보아야 한다. 그 결과 모두가 만족하지 못하는 결과가 빚어졌다. 작가는 지형훼손을 탓하고 이용자는 골탕 먹이려는 미학이라고 투덜댄다.

예상컨대 발모리는 행정청사 부지의 지형을 보며 이에 어울리는 환형 볼륨을 일필휘지로 그려내었을 것이고 그것은 바로 강력한 초기조건이자 준거틀이 되었을 것이다. 이후 이에 근거하여 도시, 건축 전문가들이 디테일을 보강하였을 것이다.

이렇게 초기조건[17]이 절대적으로 존재하고 형태는 이에 지배를 받는 경우를 우리는 불투명opaque하다 혹은 생성법칙이 외부적external이라고 말한다. 반면 생성법칙이 내부적internal이라는 뜻은 모든 주어진 조건들을 충족시키는 과정에서 형태가 논리적으로 생성된다는 의미이며 이를 투명 transparent하다고 표현하기도 한다.[18]

---

17 이 초기 조건은 고전주의 건축에서는 오더를 포함한 전범(canon)이며 현대건축에서는 프랭크 게리 같은 작가의 천재적이고 직관적인 선험적 형태이다. 설사 요구 기능에 의해 건축물의 크기, 넓이 등의 변화요구가 있어도 초기조건을 침범이 허용되지 않는다.

18 투명한 생성조건에 의해 이루어진 대표적 사례가 고딕건축이다. 비올레 르 뒥을 위시하여 근대건축까지 내려오는 합리주의적 건축의 기본정신이다. 이상의 논의는 임석재 교수의 탁월한 논문에서 가져왔다. (임석재, 19세기말 자연해석 경향과 비엔나 아르누보 건축: 자연해석과 추상장식의 근대성에 대한 개론적 고찰, 1994)

문제는 이러한 자기완결적인 도형은 르네상스 시대의 이상도시의 경우에서 보듯이 조건 변화에 완전히 무력하다는 것이다.[19] 조경이나 적어도 소규모 건축 차원까지는 이것이 문제가 되지 않는다. 기능이 상대적으로 단순하고 형태에 적응 가능하기 때문이다.

그러나 규모가 커지고 도시 차원이 되면 변화에 대응하면서도 당초의 기본 틀을 유지할 수 있는 뼈대 논리가 있어야 한다. 도시는 생명이다. 생명이 생명인 것은 변화에 적응하되 매순간 생체평형을 유지하기 때문인 것처럼 도시 또한 변화와 균형을 맞추되 스스로는 잃지 않는 구조를 지녀야 한다.

이것이 바로 내가 포스트모던의 근대도시에 대한 비판을 대부분 수긍하면서도 여전히 근대도시의 틀이 도시의 기초 골격이 되어야 한다고 주장하는 근거이다. 근대주의적 도시의 결함 중 가장 큰 것은 유연성이 부족하다는 점이다. 완벽한 기하학에 의거한 구획들은 의도와는 달리 도시 내의 분절을 가져왔고 지나치게 인공적인 건조환경은 그렇지 않아도 비인간적인 도시생활을 더 삭막하게 만들었다.

---

19 이상도시들은 변화에 탄력적으로 대응하지 못하는 나머지 쇠퇴하거나 성벽의 원형을 허물고 확장을 하는 식으로 변모한다.

그러나 여기에서 유의할 것은 근대도시가 '기획'이었다는 점이다. 세계 어디에도 근대주의로 완성된 도시는 없다. 파리처럼 구도심에서 이격되었거나[20] 서울처럼 두 도시가 엉켜 있거나 브라질리아처럼 근대도시가 슬럼들에 의해 훼손되어 있다.

다시 말해 현금의 모든 도시는 역사도시와 근대도시가 혼성화되어 있는 도시라는 것이다. 그리고 아주 역설적이게도 서울같이 두 조직이 혼성화된 곳이 오히려 더 역동적이다. 예컨대 지금은 없어졌지만 청진동 골목이 살아있을 때의 종로 1가를 생각해보라. 피맛골 선술집들과 인근 고층 오피스들은 얼마나 묘한 궁합을 이루고 있었는지. 근대주의 도시에 부족했던 유연성이 이렇듯 근대기획의 미완성으로 인해 얻어졌으니 얼마나 절묘한가?

도시적 질서는 저절로 생겨나는 것도 아니지만 그렇다고 전지전능한 통치/계획가가 부여한다고 이루어지는 것도 아니다. 여기에 도시설계의 묘미가 있다고 생각한다. 적절한 체계가 주어지면 이를 중심으로 수많은 충돌이 일어나 디테일이 완성되는 것. 마치 누군가 산길을 내면 언젠가는 그 길이 번듯한 등산로로 변하듯, 계획가들의 임무는 도시의 주체들이 참여하여 나머지 계획을 완수하도록 해주는 역할이라고 본다.

---

20 라 데팡스 지역을 말함.

그렇게 되기 위해서 도시설계의 과정은 투명해야 한다. 합리적인 논리에 의해 뼈대 논리가 구축되어야 하고 차례차례 디테일들이 얹어져야 한다. 이런 과정의 결과로 도시가 얹어져야 변화가 필요할 때 그 지점까지 복기復棋하며 수정해 나갈 수 있는 것이다.

나는 도시가 스스로를 계획한다고 믿는다. 마치 개미가 각각의 뇌가 있지만 전체적으로 하나의 지성을 보여주는 집합적 두뇌collective brain이듯이 도시 안에서 충돌하는 수많은 개별 행위자들은 자기도 모르는 사이에 전체적이고 조화로운 거동을 하고 있는 것이라고 말이다. 이것이 바로 '혼성과 파생의 도시City of Hybrid & Derivative'이다.

그런데 우리나라의 도시설계 과정에서 이 '혼성화'에 가장 걸림돌이 되는 것이 소위 '토지이용계획'이라는 것이다. 앞에서 일단의 단지를 정원 평면도 그리듯이 그래픽 위주로 그리는 경향이 있다고 말했거니와 그러한 '사치'도 문제지만 땅은 무조건 평지여야 한다는 '강박'은 더 큰 문제이다. 첫마을의 경험에서 보듯 우리의 도시개발 방식은 모두 이 위에 존재한다.

도시개발과정을 보면 가장 먼저 하는 것은 산 깎고 골 메워 평지 만드는 일이다. 그리고 일정한 간격의 바둑판무늬를 내어 땅을 쪼개고 토지 이용계획이라는 것을 세워 상업, 주거 지역 등을 나눈다. 평면적으로 도시기능을 갈라놓으니 '혼성'이 생길 수 없다. 아파트단지에는 아파트만이 상업지구에는 수백 개의 간판이 걸린 상가건물만이 들어선다. 도심재개발이 되더라도 그 활기찼던 낙지골목은 헐리고 가게들은 모두 지하로 들어간다.

나는 줄기차게 '토지이용계획'을 '공간이용계획'으로 바꿀 때가 왔다고 역설하고 다녔다.[21] 그러나 이 나라는 경찰서와 동사무소도 같은 땅에 있기를 거부하는 나라이다. 이런 도시에 사는 사람들은 나의 '장소'가 없다. 모모 빌딩 20층에서 일하다 지하 1층 주점에서 술 마신 후 모모아파트 25층의 공간으로 갈 뿐이다. 자기 '땅', 자기 '장소'가 없는 시민에게 도시에 대한 사랑을 구한다면 그것은 당신의 짝사랑일 뿐이다.

---

21 3차원적인 공간이용 계획제를 도입하면 저층부는 상가 상층부는 주택 혹은 오피스인 건물이 자유롭게 들어설 수 있으며 역사지구를 보존하면서도 재개발이 가능하다. 더 나아가 지구별 총량규제를 하면 도시의 혼성화는 더욱 가속화될 수 있다.

혼성과 파생
Hybrid & Derivatives

4

밴드와 패치

Band & Patch

국가의 책무는 개발계획을 승인하거나
불승인하는 것으로 끝이 아니다.
우리사회 구성원뿐 아니라
미래의 세대까지 살아야 할 국토에 대해
무엇이 정녕 지속가능한 개발인지를
가려내고 지켜내는 것이 책무이다.

오송 바이오밸리:

항상성 Homeostasis

1995년부터 실질적으로 시작된 우리나라의 지방자치제도가 제대로 정착되기는 아직 요원한 듯 보인다. 가장 큰 걸림돌은 지방정부의 재정자립도 편차가 여전히 심각한 수준이라는 것이다. 거의 모든 기초 단위 지자체가 이러저러한 축제를 열고 시설들을 지어 가장 손쉬운 관광수입에 힘을 쏟은 결과 전국이 디즈니랜드로 바뀌어가고 있다. 광역단체라고 예외는 아니다. 기업도시, 혁신도시를 비롯한 수많은 개발 사업들이 총 수요를 예측하지도 않고 경쟁적으로 기획되어 나라 입장에서는 내전 수준의 개발전쟁이 벌어지는 와중이다.

2000년대 초 참여정부의 지방 분권화 정책에 의해 불이 붙은 개발 사업들은 대개가 공모형 PF사업으로 진행되었다.[1] 정부로서는 재정확보가 당장 필요없으니 손쉬운 방법이었고 금융기관도 건설회사에서 지급보증을 하니 거저 이자수입이 생겨서 좋았다. 건설사만 봉이었으나 나중에 어떻게 될지언정 당장 수주량을 확보하니 좋았다.

그러나 2008년 금융위기 이후 꿈은 깨졌다.[2] 전국의 드림 프로젝트들은 모두 멈추었고 단체장들은 실없는 사람들이 되었다. 정치논리에 경제논

01　공모형 PF사업은 민관 합동으로 개발을 진행하는 방식의 하나로 개발계획과 토지가 입찰액의 점수로 사업자를 선정한다. 건설사들은 물량 확보를 위해 지급보증을 마다하지 않았고 사업리스크를 다 떠안은 결과 지금 건설사들의 줄부도로 귀결되고 있다.

02　2006~2008년 본격 추진돼 한때 전국에서 35개의 공모형 PF사업(120조 원)이 추진됐으나 마무리되거나 정상적으로 진행 중인 사업은 거의 없다. 2013년 11월 기준 총 27개(77조 원) 공모형 PF사업 이 여전히 생사의 갈림길에 서 있다.

리가 종속되면 어떻게 되는지 보여주는 또 하나의 사례였다.

충청북도에서는 오송 바이오밸리 건설이 가장 큰 개발 사업이었다. 2003년 오송역 일대 140만 평에서 바이오관련 국가산업단지로 시작한 이곳에는 2010년 식품의약품안전처를 비롯해 6대 국책기관이 입주했고 현재 50여 개 민간업체가 입주 혹은 건축 중이다. 그러나 2008년 사태 이후 진행은 순조롭지 않다. 당초 의료 및 관광, 헬스 산업까지를 포괄하려던 사업구상을 오송 일대로 국한한 바이오 중심 산업단지로 축소했음에도 2, 3단지 개발에 대한 진척은 물론, 옛날 같으면 단박에 해결되었을 오송역세권 개발도 난항에 부딪혔다.

결국 2011년 이미 건설된 1단계 산업단지를 포함한 950만 평 전역에 대한 개발 구상안 마스터플랜이 국제현상공모로 발주되었다. 세계적 수준의 바이오 연구개발, 행정산업, 교육·의료, 문화관광서비스 타운을 위한 전략과 계획을 제시하라는 주문이었다. 회사 내에 도시계획 본부가 있음에도 건축 본부에서 수행하기로 했다. 이런 계획은 실무적으로 능숙한 엔지니어들보다는 창발적이고 상상력이 풍부한 건축가들의 몫이라 생각해서였다. 늘 아쉬울 때 부르는 양우현 교수에게 협업을 부탁했다.

모든 문제는 그 문제의 본질이 무엇인지 정의함으로써 반은 풀었다고 보아야 한다. 내가 본 바이오밸리의 딜레마는 '적정성appropriateness의 상실'이었다. 정치적이든 개발규모의 법칙에 따른 것이든 거의 1,000만 평에 이르는 개발은 현재 및 근미래의 여건으로 볼 때 충북과 우리나라의 능력으로는 과다한 용량이었다. 개발의 추동력을 최대로 끌어모을 수 있는 전략과 더불어 매단계마다 실시간으로 적정성을 유지 시킬 수 있는 도시 메카니즘이 필요

오송 바이오밸리 마스터플랜 조감도.

밴드와 패치
Band & Patch

했다. 이를 위해 가져 온 개념이 항상성Homeostasis[3]이었고 이는 곧 우리 작업의 제목이 된다.

이를 구현하기 위한 도시적 틀로 자족적 패치Self-sufficient Patch를 계획했다. 이것은 뒤에 언급할 웨이팡 도시계획에서 연구했던 개념으로 일정 크기의 면적 안에 주거 여가, 업무 산업, 교육 문화, 공공서비스 기능이 자기 완결적으로 갖추어진 독립된 도시 단위이다. 가장 큰 장점은 각 패치 별로 개발이 가능하다는 점이다.

1,000만 평 전체 구역에 대한 도시 기반시설 구축 없이도 개발여건 성숙에 따라 필요한 만큼 패치를 설치할 수 있다는 얘기다. 예컨대 애초에 큰 집부터 덜컥 사는 것이 아니라 가구를 늘리면서 큰 집으로 이사 가는 방식이다.

오송역 좌측에 이미 개발 중인 2단계 부지를 우측으로 옮겨 1단계와 연속개발이 이루어지게 하고 좌측과 하단에 패치들을 깔았다. 이 배치는 미래에 여건에 따라 얼마든지 위치와 크기 등이 변할 수 있는 융통성을 가지고 있다. 패치들 사이는 그냥 논으로 내버려둘 것을 제안했다. 환경도 최대한 보존하고 개발면적도 최소화할 수 있으며 도시와 농촌이 공존하는 경관도 이룰 수 있다고 보았다. 역세권도 별도의 패치로 독립되어 단계별로 성장할 수 있게 만들었다.

오송 바이오밸리의 개발 원동력을 극대화하기 위한 전략으로 제시한

---

03 외부환경과 생물체내의 변화에 대응하여 순간순간 생물체내의 환경을 일정하게 유지하려는 현상을 말하며 자율신경계와 내분비계(호르몬)의 상호협조로 이루어진다.

개념은 충청권 MCR[4]을 오송을 중심으로 엮어내자는 제안이다. 우리나라의 MCR은 경인권과 부울권으로 나누어지고 있는데, 대전-오송-청주를 묶는 중부권 MCR이 형성되면 인구 600만의 제 3 MCR이 생겨 나머지 MCR과 '경쟁적 협력관계Copetition'[5]가 될 수 있다는 논리였다. 이를 실천하기 위해서는 오송권역이 바이오산업으로서뿐 아니라 정주환경과 교육, 문화적 환경에서도 가장 뛰어난 도시가 되어야 했으며 차별화된 도시설계로 이를 이룰 수 있음을 제시했다.

23개국에서 185팀이 참가했다. 1등으로 당선되었다. 시상식, 심포지엄 발표 등 바쁜 일정을 마치고 지사에게 보고했다. 예기치 않은 말이 그에게서 나왔다. "내가 원하는 것은 이런 그림이 아닙니다." 어안이 벙벙해졌다. 자세히 들은즉슨 그림이 필요한 것이 아니라 개발 전략이 필요하다는 얘기였다. 그렇게 해서 1등 당선자에게 주어지는 후속용역은 마스터플랜에 의한 도시계획 상세설계가 아닌 '바이오밸리 마스터플랜 수립 연구'로 바뀌었다.

이후 이 용역에 매달렸다. 수없는 회의와 보고, 조사와 시찰을 거쳐 1년 반 만에 최종보고서를 납품했다. 이 기간 동안 보고회에 지사는 참석하지 않았다. 그저 의례적인 용역이었던 것이다. 한국산업단지공단에 위탁된

---

04 Mega City Region은 Metropolis의 연담화로 생긴 Megalopolis보다 더 큰 개념으로 핵심도시가 중심이 되어 기능적으로 연결된 인구 1,000만 명 이상의 광역경제권을 말한다. 핵심 도시와 주변 도시와의 집적, 연계를 통해 도시의 혁신역량을 강화하는 데 초점을 맞추고 있다. 세계 각국의 MCR 20곳 중 경인권은 종합순위 11위였으며, 1위는 미국 뉴욕권, 2위와 3위는 각각 영국 런던권과 일본 도쿄권이었다. (동아일보 미래전략연구소 + 모니터그룹, 2009)

05 Cooperation과 Competition을 합성한 용어. 예컨대 환황해권 MCR인 경인권과 북경-천진권은 경쟁관계이면서도 타 권역 MCR에 대해서는 협력적 관계이다. 중부권 MCR 개념은 2014년 지방선거에서 새누리당 윤진식 충북지사 후보의 충청광역철도 계획의 이론적 근거가 되었고 내가 세부 논리를 제공했다.

2단계 부지는 국제공모를 거쳐 채택된 마스터플랜이 있음에도 아랑곳없이 뻔하디 뻔한 바둑판 구획을 밀어붙였다.

역세권부지는 단계별 계획을 그토록 권유했음에도 공모형 PF 방식으로 추진되었다. 민간사업자 공모를 3차례나 했건만 유찰이 되어 결국 사업 자체를 포기하는 수모를 겪는다. 이 나라 위정자들에게 국제공모니 뭐니 하는 것은 그저 정치적 레토릭의 하나일 뿐임을 다시 한 번 확인하는 계기였다.

용유무의지구 개발계획:
응축된 밴드 Condensed Band

결국은 빚내서 잔치한 것으로 드러났지만, 사막의 신기루를 만들어낸 두바이는 금세기의 기적이라고들 생각했다. 이명박 대통령도 "두바이의 창조 정신을 배워야 한다"고 틈틈이 강조했다. 관료들과 재벌들은 비법을 배우러 들락거렸다. 비법이랄 것이 없다. 이란, 러시아, 중동 각국의 드러나기를 원하지 않는 돈들에게 두바이 정부는 주인을 묻지 않았을 따름이다.

굴릴 곳이 마땅치 않았던 돈들이 들어와서 황당한 프로젝트들을 성사시킬 것처럼 보이니 나머지 잔돈들도 몰리기 시작한 것이다. 고급 사기꾼일수록 비상식적인 얘기로 홀리듯이 이런 프로젝트일수록 딴 세상의 것 같아야 한다.

이런 틈을 타서 우리나라의 개발 현장에도 세계적인 IB투자은행의 돈을 조달할 수 있노라고 돌아다니는 반 사기꾼들이 득시글거렸다. 외국자본이라면 양잿물인들 마다하지 않을 지방정부와 돈줄이 절실한 건설회사들이 주 고객들이었다. 이들을 믿고 정부와 정부 출연기관들은 두바이를 벤치마킹한 황당 프로젝트들을 쏟아내고 있었다.

1~2조 원짜리 프로젝트는 메이저리그에 끼지도 못하는 판이었다. 내가 몸담고 있던 건원건축 같은 대형설계사무소에서는 대리급 직원도 며칠 만에 사업비 1조 원 프로젝트의 그림을 그려댔다.

사업면적이 1,000만 평이고 사업비 80조인 용유무의 개발 프로젝트가 찾아온 것은 2007년도 봄쯤이었다. 2006년 11월에 투자자인 독일 켐핀스키Kempinski 그룹은 인천시 및 IFEZ인천경제자유구역청와 이미 기본 협약을 맺은 상태였다. 그동안 해안건축에서 마스터플랜을 맡아 해왔는데 도무지 마음에

용유무의지구 전체 조감도.

들어 하지 않는다는 것이 사업자의 한국 측 파트너인 박 사장의 말이었다. 무엇이 그런가라고 물었더니 80조 사업에 걸맞는 빅 아이디어가 없이 그저 평범한 도시계획이라는 것이었다.

또 하나의 풍선 프로젝트인지를 검토해야 했다. 켐핀스키는 1862년에 설립된 유럽에서 가장 오래된 특급 호텔 체인이며 아랍권 부호들의 지분 또한 대행하고 있음이 확인되었다. 인천시와 경제구역청에서도 1999년 관광단지로 지정되어 근 20년 동안 전혀 진전이 없던 이곳에 투자자가 나선 것에 대환영의 입장이었다.

박 사장에 따르면 이곳을 인천공항과 연계된 CIQ free 지역[6]으로 만들고 카지노 시티로 만들면 일본과 중국의 엄청난 관광객을 흡수할 수 있어 충분한 사업타당성이 확보된다는 설명이었다.

나름 확신이 들어 맡기로 하고 그들이 원하는 빅 아이디어를 끌어내기 위해 몰두했다. 들여다보니 그럴 만했다. 이 지역은 공항 고도제한에 의해 표고 52미터로 제한되고 있었다. 마천루 같은 수직적 랜드마크를 세울 수 없으니 계획이 밍밍해지는 게 당연했다.

발상을 거꾸로 해보았다, 수직적 랜드마크가 불가능하면 수평적 랜드마크를 만들면 되지 않겠는가. 더구나 공항 바로 옆이니 뜨고 내리는 비행기 창으로 보이는 강력한 도형이 만들어지면 모두가 주목할 수 있을 터이었다.

부리나케 스케치를 해서 스태프들을 소집했다. 공항 활주로와 같은 크기의 밴드를 해변에 비스듬히 놓은 안이었다. 이 밴드는 메가스트립Mega Strip이라고 명명하였다. 라스베이거스의 중심 가로 영역을 스트립Strip이라 부

---

06 CIQ(custom, Immigration, Quarantine) 즉 관세, 출입국, 검역 수속 없이 머물 수 있는 구역.

르는 데에서 착안했다. 높이 50미터 폭 500미터 길이 5,000미터의 이 메가스트립은 카지노 시티이다.

낮과 밤의 구분이 필요없는 카지노 도시의 특성을 살려 지붕까지를 인공 조명판으로 만들고 24시간 돌아가는 별천지를 계획했다. 메가스트립은 일종의 방파제 역할을 하여 내해 쪽으로 인공호수가 만들어진다. 호텔의 객실은 외해와 내해쪽으로 배치하고 그 안은 모두 엔터테인먼트 시설이 배치되었다.

반면 용유도에 배치되는 구역에는 이와 정반대로 고요하고 차분한 도시가 들어선다. 이는 24시간 시설을 모두 메가스트립에 담아 바다에 띄웠기 때문에 가능해진다. 고도제한에 의해 낮아진 층수의 리조트 호텔들과 쇼핑몰, 도심 골프장들이 배치되었다.

로마식의 십자형 주 간선도로 축을 놓고 남북가로에는 주거시설 축들이 매달리고 동서가로변에는 상업시설들이 배열되어 메가스트립까지 연결되게 했다. 고도제한을 벗어나는 무의도에는 외해 쪽으로 실미도와 연결되는 스트립을 만들어 고층 타워형 주거시설들을 배치했다.

제목까지 내가 지었다. One City. 하늘에서 읽히는 가장 강력한 기호가 '1'이기도 했고 모든 면에서 세계 최고와 유일함을 지향하겠다는 뜻이기도 했다. 건축주 쪽에서는 한국, 독일을 막론하고 대만족을 표했다. 안상수 시장과 이희범 청장도 칭찬을 아끼지 않았다.

나의 이 전략에는 건축주에게는 말하지 않은 숨은 의도가 있었다. 그것은 소중한 곳일수록 비워두자는 렘 콜하스의 주장과 일맥상통한다. 이곳에서 소중한 곳은 육지부이다. 육지부가 장기적으로 점진적이며 지속가능한 개발이 되게 하려면 단기적으로 사업적 승부가 일어나는 곳은 이곳과 이격된 곳에 응축되어야 했다.

메가스트럽은 매립지나 섬이라기보다는 일종의 크루즈선이다. 라스베이거스나 크루즈선이나 단기적이고 집중적인 여행을 하는 장소이다. 또한 나머지 도시를 대신하는 화장실 같은 곳이다. 뚜껑까지 덮어 밀폐성을 강조한 까닭이 이것이다.

2008년 금융위기로 이 프로젝트도 공중으로 날아갔다. 한동안 잊고 지냈는데 재작년에 '에잇시티'라는 이름도 고약한 계획안이 보도되었다. 자세히 보니 사업주들도 그 사람이고 대상지도 용유, 무의구역이었다. '1'이 '8'로 바뀐 이유는 중국 사람들이 8을 좋아하기 때문이라는데 사업규모가 8배 정도로 늘어나서 그런 것 같기도 하다.

일이든 팔이든 되었으면 좋았을 뻔했는데 이번에도 자본금 납입을 제때에 못해 사업권을 잃은 모양이다. 인천청은 결국 경제자유구역을 전면적으로 해제할 움직임이다. 20년 동안 재산권이 묶인 채 기다렸던 주민들만 서럽게 되었다.

웨이팡 빈해 경제개발지구:
간척지 패치 Polder Patch

2000년대의 언젠가 한샘의 조창걸 회장을 만난 적이 있었다. 건축과 대선배이기도 하지만 그 당시에 드문 진보적 성향을 가진 데다 입지전적인 성공을 거둔 분이라 평소 존경의 염을 가지고 있었다. 당신이 요즘 관심 가지는 일을 얘기하는 말미에 중국의 도시와 건축 이야기가 나왔다.

"중국의 평균 경제 성장률을 8%대로 유지하려면 연평균 2000만 명이 농촌에서 도시로 와줘야 하는 거라. 분당 인구가 40만이니 일 년에 50개, 일주일에 한 개꼴로 중국에는 분당만한 신도시가 세워져야 하는 것이지. 중국은 SI시스템[7]으로 집이 지어지니 인테리어를 조립식으로 해다 팔 생각을 하고 있지."

역시 혜안을 가진 분다웠다. 그럼에도 그 많은 도시와 건축에 한국이 끼어들 자리는 별로 없었다. 개인적으로는 2002년에 센젠에 공장 설계를 의뢰받았으나 사업주 부도로 성취를 못했고 그 이후로도 회사에서 수많은 개발 프로젝트에 대한 밑그림을 그려주었으나 결실을 본 것은 하나도 없었다. 다른 회사들도 사정은 매한가지였다.

중국의 의미 있는 공공 프로젝트들은 모두 세계적인 건축가들의 손으로 넘어갔고 현지 설계업체들과는 가격 면에서 경쟁이 되지 않으니[8] 의뢰받는 것들이 고작 한국인 개발업자들의 프로젝트였고 성공 가능성도 희미했다.

---

07 SI(Skeleton & Infill) 방식은 골조만 건설사가 짓고 내부는 입주자가 꾸미는 방식을 말한다.

08 수년 전 새건축사협회 교류전으로 상해 동제대학에 갔더니 건축과 교수가 600명, 학생이 6,000명이었으며 교수들은 모두 학교에 연구실 겸 설계회사를 가지고 있었다.

92년인가 중국이 개방되고 얼마 되지 않았을 때의 기억으로는 자동판매기 앞에 코인을 넣어주고 물건을 빼주는 직업을 가진 사람이 앉아 있었고 엘리베이터 안에는 노인이 책상 놓고 앉아 버튼을 눌러주고 있었다. 공중변소 앞에도 요금 받는 공무원들이 앉아 있었고 면세품을 사면 서너 사람의 손을 거쳐야 물건을 쥐었다. 그러던 중국이 이제는 한국의 건축 디자인은 옆눈으로도 보지 않는 나라가 되었으니 우리는 뭘 했나라는 자탄이 절로 나오는 판이었다.

2008년의 어느 날 회사의 회장과 개발사업을 같이 한다며 드나들던 중국인이 신도시 마스터플랜 공모에 참여하면 자신이 당서기와의 친분으로 역할을 할 수 있겠노라고 찾아왔다. 대상지는 산둥성에 있는 웨이팡 시坊市였다. 시가 면하고 있는 발해만 해변 구역이 경제개발구역으로 지정되었으므로 이 구역에 대한 개발계획 수립을 하고자 함이었다.

대상지는 694.23제곱킬로미터이니 서울시 면적보다 조금 큰 2억 1,000만 평 정도였다. 이렇게 큰 면적을 어떻게 한 달 안에 계획하고 제출하는가라고 물으니 중국에서는 다 그렇게 한다는 것이었다. 허탈함과 부러움에 쓴 물이 올라왔다.

바로 현장으로 날아가서 둘러보고 당서기를 비롯한 관계자들도 만났다. 다행인 것은 2억 평 전역이 염전이라는 점이었다. 구글어스로 보아도 땅에서 보는 것과 별로 다를 바 없을 정도로 가도 가도 끝없는 염전평야였다. 그런데 이 염전은 바다 물을 증발시키는 것이 아니라 태곳적부터 지하에 갇혀 있는 간수를 퍼올려 소금 등을 만드는 염전이었으며 매장량이나 화학원료 생산량에서 중국 1위였다. 이런 잠재력 말고는 가난한 중국 농촌도시였다. 땅을 보고 오는 길에 들른 식당에는 냉장고도 없었다.

2억 평을 어디서부터 손을 대야 할지 캄캄했다. 며칠의 고민 끝에 네덜란드의 폴더Polder를 만드는 방식에 착안을 했다. 폴더는 흙으로 돋우어 인공대지를 만드는 매립지와는 다르다.[9] 둑에 의해 물의 출입을 통제하는 해수면 아래의 저지低地를 말한다.

폴더의 질서는 작은 것으로부터 만들어진다. 물의 배수단위에 의해 간척지 단위polder parcel가 만들어지고 이것들이 모여 띠strip, 블록block, 평면plane이 만들어진다. 이것이 모인 물 관리 단위가 간척지 도시polder city이다.

이같이 방식으로 적정 단위로 패치patch를 만들어 개발을 이루어 가는 것이 2억 평 전역에 의미 없는 선들을 그어대는 것보다 훨씬 현명한 방식 같았다. 이렇게 된다면 염전과 도시는 영원히 동거할 수도 있을 것이었다. 아무리 성장을 낙관하는 중국이라도 이 규모의 땅을 일괄개발은 못할 것이다. 설사 그렇다 해도 이 영역 전체를 매립해서 평지로 만드는 것은 환경적으로나 비용 측면에서도 결코 바람직하지 않은 방식이라고 생각했다. 그렇다면 미래의 불확실한 개발방향에 충분히 탄력적으로 대응할 수 있는 도시 전략이 필요한 것이었다.

내가 제안한 폴더식의 패치 방식은 마스터플랜을 수립하되 목표를 만드는 것이 아닌 수단을 만드는 것이었다. 예컨대 바둑의 결과를 그린 것이 아니라 바둑 두는 방식을 제안한 것이었다. 도시는 계획의 장소가 아니라 생성의 장소이다. 도시 계획가는 불확실한 것에 대해서는 내버려 두는 것이 오히려 옳게 계획하는 것이라고 나는 믿었다. 중앙의 큰 수로변을 하나의 큰 패치로 구획하여 중심 업무 및 도심 지역으로 두고 산업단지, 공항, 주거지,

---

09 매립지를 만들기 위해서는 흙을 가져와야 하는데 네덜란드에는 안타깝게도 산이 없다.

웨이팡 빈해 경제개발지구 계획 조감도.

녹지띠 등을 별개의 패치로 만들어 구성했다.

본토, 홍콩 등에서 다섯 팀이 제출했다. 중국어로 프리젠테이션을 더 빙까지 해서 발표했다. 나이 지긋한 심사위원들은 무슨 말인지 이해조차 못 하는 듯했다. 우려했던 일이 현실이 됐다. 칭화 대학 교수팀의 황당무계한 계획안이 뽑혔다고 들었다. 2억 평을 200만 평 수준으로 아무렇지도 않게 다루는 그들의 안을 보고 이것이 대륙적인가보다 하고 실없이 웃었다.

결과적으로 이 계획은 내가 건원에서 마지막으로 했던 작업이 되었다. 다른 여러 이유가 겹쳤겠지만 제출 이틀 전에 회장 심사를 건드린 것이 주된 이유였던 것 같다. 냅킨에다 그려서 내게 내민 스케치에는 2억 평을 2,000평 단지설계로 생각하는 초대륙적인 스케일감이 있었다.

며칠 밤을 새고 있는 스태프들에게는 말도 않고 밀쳐두었다. 중국에 갔다가 베트남을 둘러서오니 사표를 제출하라는 전갈이 있었다. 그동안 어땠느냐는 물음에 큰 것 많이 해봐서 좋았다고 답했더니 자신은 작은 것을 못해봐서라며 웃었다. 스케일이 크신 분이었다.

불확정성의 계획

앞의 세 프로젝트 각각의 면적은 950만 평, 1,000만 평, 2억 1,000만 평이다. 과천시나 서울시만한 넓이이다. 넓은 것이 문제가 아니라 이런 규모가 단일 프로젝트로 단 시간에 계획되어야 하는 것이기에 문제라는 것이다. 이러한 일이 일상화된 데에는 두 가지 측면의 원인이 있다고 여겨진다.

첫째는 개발에 투입, 동원되는 자본의 양이 과거와는 비교가 불가능할 정도로 거대화되었다는 점이다. 20세기 말의 세계화된 자본주의는 자본의 집적을 더욱 가속화하여 국경을 초월하여 이익을 실현하고자 한다. 규모의 법칙에 따라 거대화·독점화될 수밖에 없는 금융자본이 배타적 초과이익을 보장해 줄 메가 프로젝트에 관심을 가지는 것은 당연한 일이다.

두 번째 이유는 전 세기보다 더욱 정교해진 기술력이 이 메가 프로젝트의 성공을 보장해줄 것이라는 믿음을 강력하게 심어주었다는 점이다. 근대적 도시 이론들이 포스트 근대이론에 의해 주춤거리는 동안에도 테크놀로지는 거침없이 발전하여 근대주의 초기보다도 어쩌면 더 강한 기술유토피

아주의를 탄생시켰다.

　IT발전에 힘입은 빅 데이터들과 정치한 시뮬레이션 기법들은 부인하기 어려운 사업의 성공 전망을 제시했으며 장벽 없이 넘나드는 정보와 기법들은 불패신화를 창조하는 듯했다.

　그런데 2008년 미국발 글로벌 금융위기는 이 모든 믿음을 송두리째 깨버린다. 왜 세계 최고를 자랑하는 월가의 예측 시스템이 붕괴를 알아내지 못했을까?[10] 이를 상세히 기술하는 것은 내 능력 밖의 일이다. 다만 "자본주의 이윤 착취의 수단이 노동자의 '노동'에서 소비자의 '욕망'으로 이전하였고 이번 위기로 이 방목지마저 고갈되었음이 드러난 것"이라 파악하는 지그문트 바우만의 성찰[11]에 대해 동의한다.

　모든 개발 프로젝트의 타당성은 소비자가 빚을 내어서라도 상품을 구입하는 것을 전제로 성립된다. 이 전제 위에 마케팅 전략과 MD전략이 수립되며 이에 따라 개발 프로그램이 작성되고 마지막으로 건축가에게 환상적인 포장을 의뢰하게 되는 것이다.

10　많은 이들이 공히 지적하는 것은 신고전주의 학파의 시장청산 모형이 주류학설이 됨에 따라 정부의 역할이 축소되고 시장메커니즘을 과신한 것이 예측 불가능했던 원인이라는 것이다.

11　그에 따르면 소비자에게 욕망을 주입시키고 채무를 지워 신용을 착취하는 방식이 산업자본주의 이후의 현대자본주의의 방식이라는 것이다.

그런데 소비자가 서브 프라임 모기지 사태처럼 파산한다면? 모든 공든 탑이 아래에서부터 다 무너지는 것이다. 과정에 있는 모든 주체는 합리적인 행위를 했지만 전체 시스템의 근본적인 모순에 의해 불합리한 결과가 만들어지는 셈이다.

개발의 모든 프로세스는 합리성을 기반으로 하고 있는 과정이기 때문에 '근대적'이다. 그리고 이러한 근대적 계획의 방법론은 일정 정도 규모의 프로젝트에서는 매우 유효하다. 여기서 일정 정도라 함은 외부적 요인에 의한 변수가 프로젝트 자체가 가진 리스크를 감당하는 탄력성 범위 내에 있는 정도를 말한다.

그러나 이 범위를 넘어가면 도구적 합리성은 무용지물이다. 큰 합리성은 작은 합리성의 합이 아니기 때문이다. 이 규모에서 성공을 바란다면 오히려 점쟁이에게 운을 보든지 신에게 비는 편이 낫다.

렘 콜하스는 이렇게 임계 상황을 넘어가는 현대건축 및 도시의 특성을 'Bigness'라고 칭하고 이를 이해하기 위해서는 '비균질, 비척도 네트워크'로 보아야 한다고 말한다. 다시 말해 모든 것을 통제할 수 있음을 전제로 한 전통적인 '계획Plan'은 더 이상 작동하지 않는다는 의미이다.

그래서 그는 '불확실성'조차를 프로그램화하여 합리화 과정을 거칠 것을 제안한다. 근대적인 합리성에 기반한 '계획'의 방법론을 쓰되 '시간에 의한 변화'에 대한 여지를 도입하자는 의미에서 근대적인 '계획' 자체를 대체하던 여러 포스트모더니즘 이론들과는 궤가 다르다.

20세기 후반에 이르러 근대주의 도시 이론이 비판의 대상이 되기 시작하는 것은 이론 자체의 치명적인 결함 때문이라기보다는 이 시점 전후에 시작되는 후기자본주의적 변화에 근대 이론의 경직성이 부합하지 못했던 이유가 더 크다고 본다.[12]

즉 전문직을 중심으로 한 중산층의 증가에 의한 계급투쟁 전선의 변화, 자본의 다국적화를 통한 변용, 구조주의 철학에 의한 관념철학의 쇠락 등 근대주의의 토양이 되었던 모든 지형에 변화가 생긴 것이다. 근대주의의 교조주의는 조롱의 대상이 되고 포스트모더니즘 도시이론들이 이 자리를 메운다.

그러나 앞에서도 말했듯 포스트 근대주의 중 맥락주의 같은 형태에 근거를 둔 이론들은 대안이 될 수 없었다. 다만 네트워크와 패턴 이론을 통해 근대도시의 경직성을 돌파할 근거를 제시한 크리스토퍼 알렉산더라든지, 역시 탈위계적인 네트워크 이론과 후기구조주의 철학에서 말하는 사건, 구조의 개념을 도입하려는 베르나르 츄미나 렘 콜하스 등의 논의는 상당히 설득력 있는 이론들이다. 이들은 불확실성 자체를 계획의 요소로 삼는다.

내가 앞의 계획들에서 패치, 밴드 같은 단위를 도시 구성의 주요 골격으로 제안했던 까닭도 이 연장선 상에 있다. 아무도 예측할 수 없는 미래에 대한 그림을 계획이랍시고 그린다면 그는 '계획'을 아직도 신봉하는 완고한 근대주의자이거나 SF 그림을 그리는 화가일 뿐이다.

---

12 에른스트 만델은 '후기자본주의'를 통해 시장자본주의, 독점-제국자본주의, 후기자본주의로 자본주의 발전을 구분하고 각각에 해당하는 문예사조가 리얼리즘, 모더니즘, 포스트모더니즘이라 갈파한다.

현대도시는 한 두 계획가가 파악하고 통제할 수 있는 범위를 넘었음에도 한두 프로젝트로 유통되고 있다. 자본의 거대화에 따른 메가 프로젝트의 탄생과 임계점을 넘어간 합리성 간에 일어나는 모순이다.

이 모순관계를 타파해야 할 주체는 일차적으로는 국가이다. 그러나 지난 시대 국가는 이 모순 자체를 인식하지도 못하고 있었다는 것이 나의 생각이다. 오히려 국가가 나서서 금융자본을 동원하여 개발을 선도하거나 시장이 과도하게 금융 의존적이 되는 것을 방조하였다.

대부분은 정치적인 이유에서이다. 민주화 이전에는 대규모 국가 인프라 건설과 주택건설을 위해서라는 피치 못할 사정 때문이라고 이해할 수 있다. 그러나 양적 충족이 어느 정도 이루어진 90년대 말 이후의 개발은 그렇지가 못하다.

이 시기는 세계자본이 부동산을 통해 이득을 실현하기 시작한 시점이다. 때마침 시작된 지자체 실시로 단체장들은 저마다 개발공약을 내걸었고 OECD 가입이니 뭐니 흥청대다가 IMF를 맞았다. 이로 인해 자본 시장이 자유화되자 회복기의 개발붐은 더욱 거세졌다. 현란하게 등장한 쇼핑몰에서 빚 얻어 소비 욕망을 실현한 결과는 2003년 카드 대란이었다. 빚 얻어서라도 집을 사지 않으면 안 되었던 이 시절의 결과는 수많은 하우스푸어들이다.

이 시기부터 등장한 공모방식 PF 사업으로 생기게 될 상업시설 총면적은 서울시 전체 상업시설 면적과 맞먹고, 공급될 오피스 면적은 여의도 전체의 오피스면적과 같았다.[13] 그럼에도 멈출 줄 몰랐고 아무도 빨간 불을 켜지 않았다.

올해 현재 100대 건설사 중 40개가 워크아웃 중에 있거나 파산했다. IMF보다 더 큰 이 참사는 일찍이 예고된 바였다. 배고프다고 자기 다리를 먹는 문어와 다름없는 일을 했으니 당연한 결과다. 문어다리는 다시 자라기라도 하지.

이렇게 개발의 광풍에 휩싸이게 한 배후가 세계적 규모의 자본의 힘이었다 하더라도 이를 제어할 방법이 없었던 것은 아니었다. 단계적 개발을 가능하게 하는 법제도가 정교하게 갖추어졌었다면 브레이크도 있고 핸들도 있는 셈이었을 것이다.

우리의 개발방식은 무조건 일괄개발 위주이다. 단계별 점진적 개발, 불확정성을 담은 개발이란 권장은커녕 설사 시도하려 해도 가능하게 하는 법제도가 없다.[14] 사정이 이러니 이미 벌여놓은 사업은 죽거나 살거나이다. 부상 입는 것은 용서받지 못하는 나라가 우리나라이다.

---

13 내가 국민권익위의 위원으로 있던 시절 당시 이재오 위원장에게 심각성을 보고하기 위해 만들었던 자료에서의 통계이다. 당시 관련 사업 총부채는 제1금융권 총 여신한도의 60%에 육박했다. 나머지 민간 PF 사업의 공급량은 빼고도 이 정도였다.

14 변명이 없는 것은 아니다. 개발 예정구역이 되면 이미 땅값이 치솟는다. 단계별 개발을 하게 되면 후순위 사업 시 보상액을 감당 못하게 된다.

이 모두가 근대도시의 프레임에서 벗어나지 못하고 있기 때문이다. 개발독재 시절 개발의 단위는 이 방식이 통했다. 그러나 이미 우리의 단계는 그 임계점을 넘었다. 그럼에도 여전히 개발 관련 법제도는 그때 그 패러다임을 따르고 있다.

국가의 책무는 개발계획을 승인하거나 불승인 하는 것으로 끝이 아니다. 우리사회 구성원뿐 아니라 미래의 세대까지 살아야 할 국토에 대해 무엇이 정녕 지속가능한 개발인지를 가려내고 지켜내는 것이 책무이다.

사이에 머물던 한 건축가의 방랑기

건축가로서 25년간의 작업을 묶어낼 생각은 오래 전부터 가지고 있었다. 직원 한명으로 시작한 아틀리에서부터 1,000여 명의 식구를 이끄는 대형 설계 조직의 CEO까지, 이 이력을 통해 경험한 작업기도 소개할 만하거니와 구조에서 도시까지 아우르는 프로젝트들 역시 공유하고 싶은 내용이 적지 않았다. 바쁜 일상을 핑계로 시간을 끌다가 올해 초 회사를 그만둔 것을 계기삼아 집필을 시작했다.

프로젝트를 정리하다보니 아뿔싸, 나는 '건축가'가 아니었다. 나의 작업 중 '건축' 카테고리에 넣을 자격이 있는 것들은 도저히 골라낼 수가 없었다. 나름 의미 있는 것들은 모두 '건축과 구조', '건축과 도시' 사이에 걸쳐 있는 것들이었다. 그리하여 이 책 제목에 드러내었듯이 나의 작업기는 "사이'를 찾아서"가 될 수밖에 없었다. 그러고 보니 나의 작업뿐이 아니라 삶 자체가 이 '사이'에서 방랑하는 그것이었다.

내가 구조를 전공으로 선택하게 된 것은 말하자면 우연이었다. 10.26과 광주를 대학 저학년 시절에 겪은 나는 현장에 투신하지 못한 대부분의 운동권 학우들처럼 전공과 변혁을 묶을 방도를 궁리하다가 '도시'로 눈을 돌렸다. 건축 아카데미즘과는 달리 그곳에는 '이데올로기'와 '실천'이 숨 쉴 공간이 있었기 때문이다. 대학원 도시과정에 합격하지만 같이 하기로 한 친구들의 이탈로 자포자기 심정으로 건설회사에 입사한 것은 본문에 쓴 바와 같다.

부서배치 기간 중 선배들이 구조설계 파트로 차출해 갔다. 해외 근무를 피할 수 있다는 설득은 아직 현장에서 할 일이 남아 있는 내게는 중요했다. 회사에서 묵인한 대학원 입학 또한 구조 쪽으로 택했다. 병역으로 갈음하는 5년의 근무기간이 끝나자마자 건축사를 취득했고 그 해 말 깊은 생각 없이 설계사무소를 차렸다. 이번에도 같이 하기로 한 4명의 친구들은 반년이 못되어 유학, 교수직 등의 이유로 떠나고 여직원 하나와 나만 남았다.

구조계산 아르바이트 등으로 연명하던 어느 날 성락교회를 의뢰받게 되고 이것으로 건축계에 진입신고를 하게 되었다. 그럼에도 나는 국외자였다. 사부도 없고 설계사무소 경력도 없으며 생소한 건축과 구조의 결합을 말하는 소위 엑조틱한 설계자였다. 더욱이 청건협, 민예총 등의 민주화 바람에 생긴 진보적 단체의 골수 멤버였으니 더욱 기이하게 보였을 것이다. 건축계에 빚진 바도 없고 의식해야 할 가문도 없으므로 한편으로는 무한한 자유가 있었지만 다른 한편으로는 모든 논리와 일관성을 스스로 만들어야 한다는 압박 또한 만만하지 않았다.

IMF로 사무소 사정이 어려워지고 더 이상 단내 나는 수공업적 건축도 지겨워질 무렵 한양대에서 교수직을 제안했다. 이참에 대형 설계조직도 구경하자고 마음먹고 소개받은 곳이 건원이다. 여기서 이사에서 시작해 CEO까지 역임했고 반년의 공백 후 선진엔지니어링에 대표이사로 옮겨 올 초까지 근무했다. 이 10년은 대형 건축물의 생산속성을 이해하는 시간이었으며 도시 스케일의 프로젝트를 원 없이 경험한 시간이었다. 돌고 돌아 졸업 때의 소망을 이루었다.

어쩌면, 나는 건축가로서는 실패한 사람이다. 우선 제대로 된 '건축'

작품이 없다. 우겨서 말하면 모르겠거니와 통념적인 '건축'에 내 작업을 끼워 주지도 않고 나 또한 원하지 않는다. 다음으로 나는 일찍이 시작했음에도 나의 '조직'이 없다. 아틀리에 시절에는 현상설계 자체를 하지 않았고 그때부터 지금까지 영업이라는 것을 한 적이 없다. 골프도 못 치고 접대한답시고 역효과를 낸다. 경영에는 젬병이고 숫자에 어두워 늘 손해 본다.

대신 내가 양보하지 않았던 것은 지난 25년간 내가 들여다보기로 한 작업에 대해서는 보고서 토씨까지 챙긴다는 원칙이었다. 그러므로 다른 대형사무소의 대표 이름으로 발표되는 작업들과 달리 나의 작업들은 전적으로 '나의 것'이다. 이는 내가 회장을 맡고 있는 '새건축사협회'에서도 마찬가지다. 이 협회에 의전용 회장은 없다. 회의에서도 회장은 N분의 1만큼만 발언권이 있으며 회장 몫의 일은 마름처럼 해내야 한다.

이 책을 쓰는 지금 나는 혼자이다. 어쩌면 초등학교 입학 이후 처음 맛보는 '무소속'의 시절이다. 얼마나 지속될지 모르지만 이 기간 동안 제대로 된 '건축가'가 되어 볼 요량이다. 서문에서 밝혔듯 '건축'은 '사이'에 있는 학문이다. 그렇다면 '건축가' 또한 '사이'에 있어야 할 것이다. '사이'란 혼자만이 거할 수 있는 곳이다. 시대가 규모와 조직을 원한다 해도 애당초 '건축'은 '건축물'과 '건축의지' 사이에 있는 존재이며 그것은 '건축가'의 절대고독과 절대책임에 의해서만 생성될 것이기 때문이다.

이 책의 주된 독자는 나의 후배들이기를 원한다. 그들이 이 책을 읽고 이 땅에서 건축을 한다는 것이 얼마나 간난의 길인지 가늠하고 그에 해당하는 마음가짐을 가졌으면 좋겠다. 동시에 그렇기에 그만한 가치가 있는 일이고 인생을 걸어볼만한 과업이라고 여기는 후배들이 많이 나오기를 바란다. 모두들 기능적인 소시민의 길을 가려할 때 힘들지만 인간에 대한 사랑으로 기꺼이 견자의 길을 가겠노라고 자청하는 후배들이 나서기를 고대한다.

이 책이 힘겨운 그들에게 약간의 위로가 되고 그들이 건축의 답을 얻는 데 약간의 보탬이 되어 그들 중에서 우리 시대 건축의 새길을 여는 자가 나오게 된다면 그 어떤 기쁨보다 더 큰 기쁨을 얻을 것이다.

찾아보기

건축가 함인선,
사이를 찾아서

함인선 지음

초판 1쇄 인쇄 2014년 8월 25일
초판 1쇄 발행 2014년 9월 1일

발행처: 도서출판 마티
출판등록: 2005년 4월 13일
등록번호: 제2005-22호
발행인: 정희경
편집장: 박정현
편집: 이창연·강소영
마케팅: 최정이
디자인: 땡스북스 스튜디오

주소: 서울시 마포구 동교로12안길 31 2층 (121-839)
전화: (02) 333-3110
팩스: (02) 333-3169
이메일: matibook@naver.com
블로그: http://blog.naver.com/matibook
트위터: http://twitter.com/matibook

ISBN 978-89-92053-99-0 (04610)
값 15,000원